Inhaltsverzeichnis

DUDEN

Themenlexikon

Sachunterricht 1/2

Herausgegeben von Prof. Dr. Michael Gebauer

Erarbeitet von Angelika Bittermann,
Susanne Essinger

Unter Beratung von Ingrid Jäger-Gutjahr

Duden Schulbuchverlag
Berlin, Mannheim

Wenn ich etwas wissen möchte

Wenn du zu bestimmten Themen Informationen suchst, kannst du ...

... in diesem **Themenlexikon** nachlesen.

... in der **Bücherei** Bücher lesen und ausleihen.

... **Eltern** oder **andere Erwachsene** fragen.

... auf einer **CD-ROM** nachschauen.

... im **Internet** nachschauen.

... einen **Experten** befragen.

... eine **Sendung** zu dem Thema **im Fernsehen** anschauen.

Schule früher

So sah ein Erstklässler vor 70 Jahren aus.

Im Schulzimmer wurden Mädchen und Jungen getrennt unterrichtet.

Der Lehrer lernte mit den Kindern oft draußen in der Natur.

Das ist ein ganz altes Schulhaus in einem Dorf.

Die Kinder saßen
in Holzbänken
hintereinander.

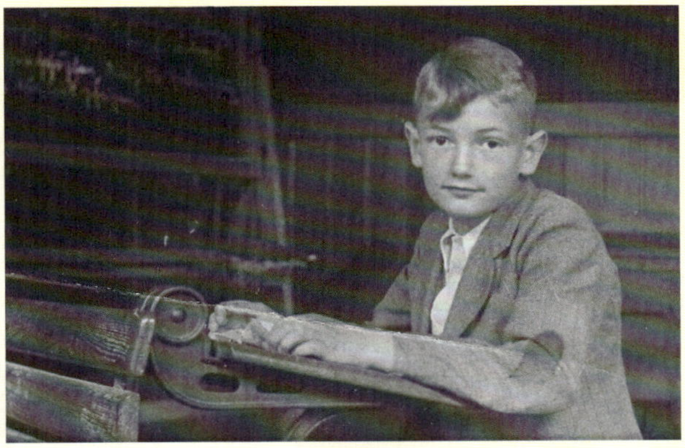

Die kleinen Kinder
saßen oft vorne,
die großen hinten.

So sah früher die Tafel aus.

Im Schulzimmer
gab es einen Holzofen.
Im Winter
musste jedes Kind
Holz mitbringen.

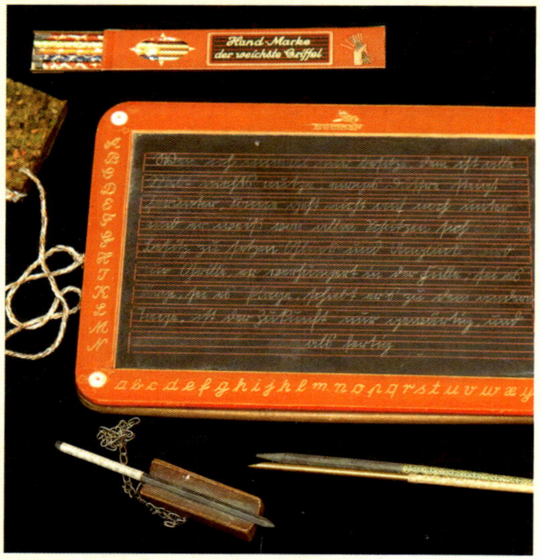

Die Kinder schrieben
mit dem Griffel
auf eine **Schiefertafel.**

Die älteren Kinder schrieben
mit einem **Federhalter**
und **Tinte.**

Die **Ranzen** waren
aus Holz
oder aus Leder.

Im Schulzimmer hingen
Schautafeln an den Wänden.
Darauf waren Tiere
und Pflanzen.

So lernten die Kinder schreiben.

Sütterlin Schrift

a b c d e f g h i
j k l m n o p qu
r s ß t u v w x
y z ch sch ä ö ü
A B C D E F G H
I J K L M N O P
Qu R S T U V W
X Y Z Ä Ö Ü

Rosen, Tulpen und Nelken
blühen und verwelken,
Stahl und Eisen bricht
aber unsere Freundschaft nicht.

Zum Andenken
von
deiner Freundin
Anita Lehmeindner.

Diese Schreibschrift heißt **Sütterlin-Schrift.**

So lernten die Kinder lesen.

Fraktur-Schrift

a b c d e f g h i
j k l m n o p q
r ſ s t u v w x y z
ä ö ü ß
A B C D E F G H
I J K L M N O P
Q R S T U V W X
Y Z Ä Ö Ü

„Spieglein, Spieglein an der Wand,
wer ist die schönste im ganzen Land?"

Da antwortete der Spiegel:

„Frau Königin, Ihr seid die schönste hier,
aber Sneewittchen über den Bergen
bei den sieben Zwergen
ist noch tausendmal schöner als Ihr."

Diese Druckschrift heißt **Fraktur-Schrift.**

Schule in anderen Ländern

Äthiopien (Afrika)

In Teshomes Klasse sind nur wenige Kinder. Die meisten Kinder müssen den Eltern bei der Arbeit helfen.

Bhutan (Asien)

Kinley Om ist 14 Jahre alt. Sie ist in der ersten Klasse. Bisher musste sie immer zu Hause helfen.

Albanien (Europa)

Ardian muss jeden Morgen fast zwei Stunden zur Schule laufen. Dann ist er müde.

Haiti (Mittelamerika)

Die Kinder in Soifettes Klasse haben nur wenige Schulbücher. Sie passen besonders gut darauf auf.

Samoa (bei Australien)

In Teuilas Schule gibt es keine Tische und keine Stühle. Die Kinder arbeiten auf dem Boden.

Thailand (Asien)

Visith rechnet in seinem Heft. Die Aufgaben stehen an der Tafel.

Uganda (Afrika)

Akii rechnet. Der Lehrer zeigt die Aufgaben an der Tafel.

Indien (Asien)

Bholas Schule ist zu klein. Die Kinder lernen im Freien. Es gibt keine Bücher und keine Hefte.

Regeln im Verkehr

Diesen Weg benutzen
Fußgänger und
Radfahrer gemeinsam.
Jeder muss
Rücksicht nehmen.

Die Autos
müssen halten.
Die Fußgänger
warten
bis die Autos stehen.

Dieser Weg ist
nur für Fußgänger.

Hier müssen alle Fahrzeuge ganz langsam fahren. Spielen ist erlaubt.

Die Schülerlotsen halten die Autos für die Schulkinder an.

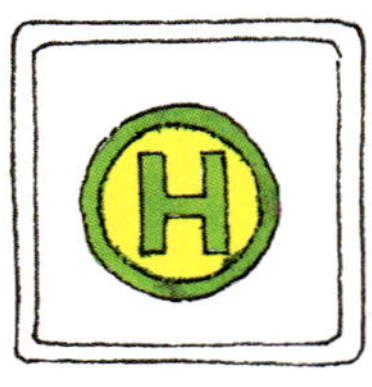

An der Haltestelle müssen Radfahrer, Autofahrer und Fußgänger aufpassen.

Verhalten im Verkehr

Hier musst du
auf dem Gehsteig warten,
bis kein Fahrzeug mehr
kommt.

Hier musst du
an der Sichtlinie warten,
bis kein Fahrzeug
mehr kommt.

Am Zebrastreifen musst du
so lange warten,
bis alle Fahrzeuge
stehen.

Auch wenn die Ampel
für dich grün ist,
musst du darauf achten,
dass alle Fahrzeuge stehen.

Kinder müssen bis zu ihrem 8. Geburtstag auf dem Gehweg fahren, wenn kein Radweg da ist.

Auf dem Gehweg musst du Rücksicht auf Fußgänger nehmen und langsam fahren.

Der Fahrradhelm schützt deinen Kopf bei einem Sturz vor Verletzungen.

Du darfst auf dem Fahrrad niemanden mitnehmen. Das dürfen nur Erwachsene. Sie brauchen einen Kindersitz.

Verschiedene Fahrzeuge

Mit diesen Fahrzeugen kann man Menschen und Dinge transportieren.

der PKW/Personenkraftwagen
PKWs transportieren Menschen und Dinge.

der LKW/Lastkraftwagen
LKWs transportieren schwere und große Lasten.

der Güterzug
Ein Güterzug hat viele Waggons. Er kann sehr viel transportieren.

der Lastkahn
Lastkähne fahren auf Flüssen. Sie können schwere Lasten transportieren.

der Eselskarren
In vielen Ländern transportiert man Lasten mit Eselskarren.

die Kutsche
Früher transportierte man Personen und Dinge mit Kutschen.

Öffentliche Verkehrsmittel kann jeder benutzen.
Man muss dafür bezahlen.

die U-Bahn
U-Bahnen fahren auf Schienen auf und unter der Erde.

der Bus
Linienbusse fahren festgelegte Strecken.

das Taxi
Im Taxi sagt man dem Fahrer, wohin er fahren soll.

der Personenzug
Züge fahren durch viele Orte und in andere Länder.

die Rikscha
Rikschas gibt es vor allem in Asien. Sie werden als Taxis benutzt.

der Vaporetto
Vaporettos gibt es in Venedig. Sie fahren auf Wasserstraßen.

Wasser auf der Erde

So sehen Astronauten
die Erde: als blauen Planeten.

Der größte Teil der Erde ist von Wasser bedeckt.

Das meiste Wasser auf der Erde ist in den Meeren. Meerwasser ist **Salzwasser.**

Das Wasser in den Flüssen, Bächen, Seen und Teichen ist **Süßwasser.**

Stell dir vor, **alles Wasser der Erde** würde in eine Badewanne passen.

Dann würde **das Süßwasser der Erde** in ein Trinkglas passen.

Gewässer

An einer **Quelle** kommt Grundwasser aus der Erde.

Daraus wird ein kleiner **Bach.** Der Bach wird größer und fließt mit anderen Bächen zusammen.

Aus vielen Bächen wird ein **Fluss.** Flüsse fließen in andere Flüsse und zuletzt ins Meer.

Ein **Tümpel** ist ganz klein. Sein Wasser fließt nicht, es steht. Im Sommer kann er austrocknen.

Ein **Teich** ist schon etwas größer. Hier gibt es viele Wassertiere und Wasserpflanzen.

Ein **See** ist ein großes stehendes Gewässer.

Wir verbrauchen Wasser

Jeder Mensch in Deutschland verbraucht im Durchschnitt jeden Tag so viel Wasser:

50 Liter Wasser
zum Waschen
Baden, Duschen
und Zähneputzen

10 Liter Wasser
zum Kochen und
Geschirrspülen

40 Liter Wasser
für die Klospülung

Jeder von uns verbraucht 130 Liter Wasser am Tag.

Auch dafür brauchen wir Wasser:

zum Autowaschen

zum Schwimmen

30 Liter Wasser
zum Putzen und
Wäschewaschen

Unser Körper besteht
zu 2 Dritteln aus Wasser.

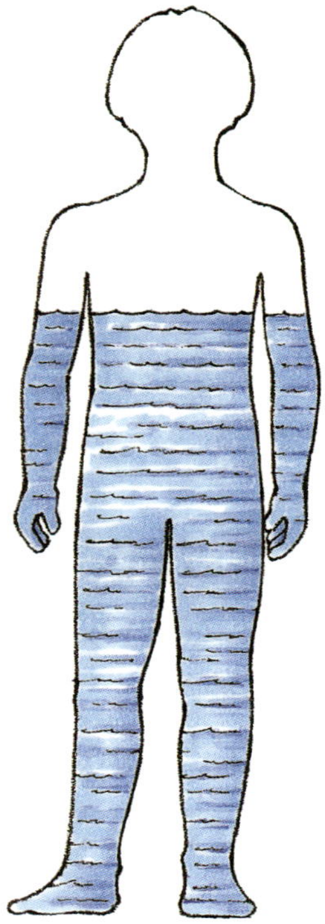

3. Drittel

2. Drittel

1. Drittel

zum Bewässern der Felder

zum Löschen

Woher kommt unser Wasser?

die Zisterne
In einer Zisterne wird Regenwasser gesammelt.

Regen und Schnee fallen aus den Wolken auf die Erde.

die Quelle
Das Grundwasser kommt an die Erdoberfläche.

Diese beiden Mädchen in Haiti holen an einer Quelle Wasser.

Ein Teil des Wassers versickert.
Es sammelt sich im Boden.
Dieses Wasser nennt man
Grundwasser.

das Schmelzwasser
Diese Polarforscher
schmelzen Schnee.
So gewinnen sie Wasser.

Diese Frau in Indien
pumpt das Wasser
aus einem Brunnen.

der Brunnen
Für einen Brunnen muss man
einen tiefen Schacht graben:
bis zum Grundwasser.

Überall ist Luft

Menschen, Tiere und Pflanzen brauchen die Luft zum Leben.

Du kannst sie nicht sehen und nicht anfassen, nicht riechen und nicht schmecken.

Der Orkan peitscht die Äste der Bäume. Du kannst die Luft nur spüren, wenn sie sich bewegt.

Autos, Flugzeuge und Fabriken verschmutzen die Luft. Für unsere Erde ist die Luftverschmutzung eine große Gefahr.

Die heiße Luft lässt
den Ballon
in die Höhe steigen.
Sie ist leichter als kalte Luft.
Erwärmte Luft steigt nach oben.

Der Fallschirmspringer
schwebt
an seinem Fallschirm
langsam auf die Erde.
Luft kann bremsen.

Bewegte Luft heißt Wind.
Der Wind bläst in die Segel
des Segelschiffes.
Bewegte Luft kann etwas antreiben.

Feuer

Die **Sonne** besteht aus Gasen.
Die Gase explodieren
und verbrennen.
Im Inneren der Sonne ist es
15 Millionen Grad heiß.

Bei einem Gewitter
gibt es **Blitze.**
Im Blitz kann es fast
30 000 Grad heiß werden.

Das **Innere der Erde** besteht zum größten Teil aus glühendem Gestein. Das Gestein ist so heiß, dass es flüssig ist. Es ist etwa 6 000 Grad heiß.

Vulkane schleudern das glühende Gestein aus dem Inneren der Erde heraus. Das ist die Lava. Die Lava ist bis 1 300 Grad heiß.

Wir nutzen Feuer

Im **Grill** zündet man ein Feuer an. Die Kohle wird heiß und glüht.

Bei einem **Gasherd** zündet man das Gas an. Auf den heißen Flammen kann man kochen.

Für ein **Lagerfeuer** zündet man Holz an. Es wärmt und gibt Licht.

Bei einer **Kerze** zündet man den Docht an. Die kleine Flamme gibt ein gemütliches Licht.

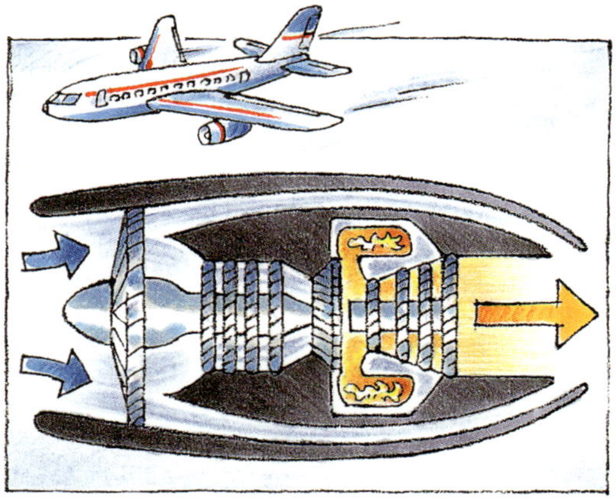

Im **Motor** verbrennt das Benzin. Viele kleine Explosionen geben die Kraft, damit sich die Räder drehen.

In den **Düsen** verbrennt das Flugzeugbenzin. Heiße Gase strömen nach hinten aus. Sie treiben das Flugzeug an.

Das Gas brennt in der **Therme** und erwärmt das Wasser. Das heiße Wasser fließt durch die Heizung.

Die Müllabfuhr bringt den Müll in die **Müllverbrennungsanlage.** In großen Öfen verbrennt der Müll.

Das Wetter

Sonne, Wolken, Regen, Wind bestimmen unser Wetter.

Überall auf der Welt gibt es **Wetterstationen.**

Die Wetterforscher können das Wetter vorhersagen.

Die Forscher messen und beobachten:

Wind

Wind ist bewegte Luft.

Der Wind kann unterschiedlich stark sein.

Wind treibt Windräder an und lässt die Drachen steigen.

Ein **Sturm** kann Bäume umknicken.

Ein **Orkan** ist ein starker Sturm. Er entwurzelt Bäume und reißt Dachziegel ab.

Ein **Tornado** ist ein Wirbelsturm. Er kann Autos durch die Luft wirbeln.

Wolken

Eine Wolke besteht aus vielen **Wassertröpfchen.**
Oft sind auch **Eiskristalle** dabei.

der Regen

Wenn die Tröpfchen größer und schwerer werden, fallen sie als Regen auf die Erde.

der Hagel

Wenn es kalt ist, gefrieren in großer Höhe Wassertröpfchen und Eiskristalle zu Hagelkörnern. Sie fallen auf die Erde.

das Gewitter

Vor einem Gewitter bilden sich dicke, schwere Wolken.
Es regnet und stürmt.
Zuerst siehst du den Blitz, danach hörst du den Donner.

der Schnee

Die Eiskristalle werden größer.
Wenn es kalt ist, fallen sie als Schnee auf die Erde.

der Nebel

Nebel ist eine Wolke aus Wassertröpfchen, die sich nahe am Boden bildet.

Sonne

Die Lichtstrahlen der Sonne erwärmen die Erde.

Je steiler
die Sonnenstrahlen
auf die Erde treffen,
desto wärmer ist es.

Die Sonnenstrahlen treffen
am Nordpol und am Südpol
flach auf.
Deshalb ist es in Grönland
sehr kalt.

Die Sonnenstrahlen treffen
am Äquator steil auf.
Deshalb ist es in Somalia
sehr heiß.

Temperatur

Wenn du wissen willst, wie warm oder wie kalt es ist, musst du die Temperatur messen.

Die Sonne steht hoch,
die Tage sind lang.
Es ist warm.

Die Sonne steht tief,
die Tage sind kurz.
Es ist kalt.

Um die **Temperatur** zu messen, brauchst du ein **Thermometer.**
Wir messen die Temperatur in Grad Celsius.

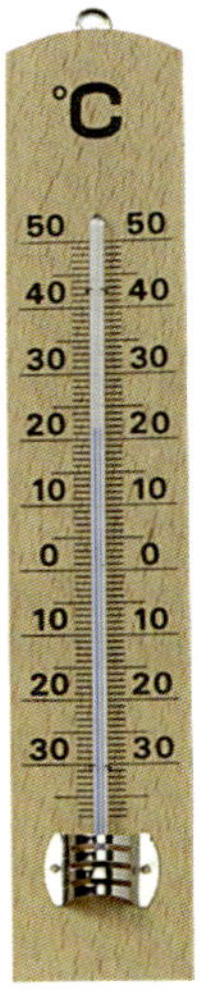

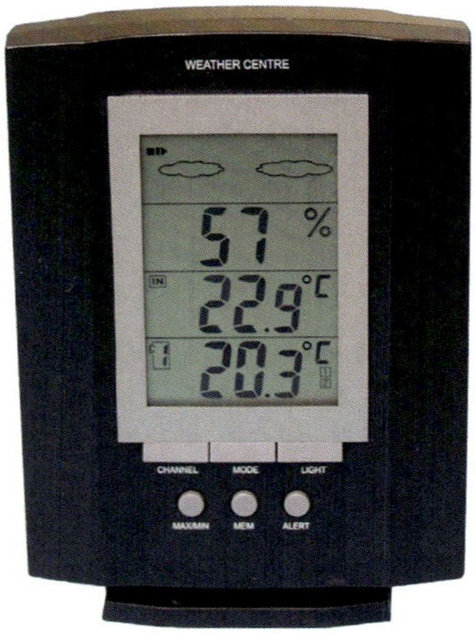

Bei Frostwetter sinkt die Temperatur unter 0 Grad Celsius.

Licht und Schatten

Licht kommt von einer Lichtquelle.
Das sind einige Lichtquellen:

die Sonne

die Lampe

das Feuer

Das passiert, wenn Lichtstrahlen auf Gegenstände treffen:

Glas

Es gibt Gegenstände,
die das Licht
hindurchlassen.
Man sieht keinen Schatten.

Holz

Es gibt Gegenstände,
die das Licht
nicht hindurchlassen.
Der Schatten ist dunkel.

Auch Menschen, Tiere und Pflanzen werfen einen Schatten.

Der Schatten ist immer gegenüber der Lichtquelle.

So siehst du die Schatten in der Natur:

morgens

Morgens steht
die Sonne tief.
Deshalb **sind**
die Schatten lang.

mittags

Mittags steht
die Sonne hoch.
Deshalb **sind**
die Schatten kurz.

abends

Abends steht
die Sonne tief.
Deshalb **sind**
die Schatten lang.

Wie Kinder wohnen

Mali (Afrika)

In Mali ist es sehr heiß.
Die Häuser sind aus Lehm
und haben winzige Fenster.
So bleibt die Hitze draußen.

Mongolei (Asien)

Die Mongolen waren früher
ein wanderndes Hirtenvolk.
Darum wohnen noch heute
viele Mongolen in Jurten.
Eine Jurte kann man
aufbauen und abbauen
wie ein Zelt.

Albanien (Europa)

Dieses Haus hat vier Zimmer:
zwei Zimmer für die Familie
und zwei Zimmer
für die Schafe und Ziegen.
Es ist zu teuer, einen Stall
zu bauen.

Samoa (bei Australien)

Auf der kleinen Insel Samoa
ist es sehr warm. Darum hat
das Haus keine Wände.
Man kann aber Rollos
aus Palmenblättern
herunterlassen.

Äthiopien (Afrika)

Viele Menschen
sind sehr arm. Sie leben
in ganz einfachen Hütten
aus Holz.
Die Wände sind mit Stroh
und Kuhdung verputzt.

Bhutan (Asien)

In diesem Bauernhaus
leben unten die Tiere.
Darüber wohnen die Menschen.
Die Familie hat kein Geld,
um einen Stall zu bauen.

Was Kinder essen

Haiti (Mittelamerika)

Bei dieser Familie gibt es
gebratene Bananen
und Tomaten.
Es gibt nur eine Mahlzeit
am Tag.

Mauretanien (Afrika)

Es gibt Reis und Fisch.
Die ganze Familie
isst gemeinsam
aus einer Schüssel.

Thailand (Asien)

Zum Frühstück gibt es
Fleisch mit Curry, Zwiebeln,
Gemüse und Reis.
Das Gleiche gibt es
zum Abendessen.

Jordanien (Naher Osten)

Diese Familie isst zu Mittag Hühnchen, Salat, Gemüse und Fladenbrot.
Beim Essen sitzen alle auf dem Boden.

Bhutan (Asien)

Zu Mittag gibt es Fisch, viel Gemüse und einen großen Topf voll Reis.
Die Menschen essen mit Stäbchen.

Albanien (Europa)

Zu Mittag gibt es oft Lauch und Kohl.
Es gibt nur selten Fleisch, weil es sehr teuer ist.

Menschen mit Behinderung

Manche alte Menschen sind **gehbehindert.**

Sie brauchen eine Gehhilfe.

Es gibt auch Kinder,
die eine Gehbehinderung
haben.

Auch sie können
mit einer Gehhilfe laufen.

Manche Menschen können
gar nicht gehen.

Sie sitzen im **Rollstuhl.**

Behinderte Sportler stellen
eigene Rekorde auf.

Manche Kinder lernen langsamer als andere.

Manche Kinder können nicht so viel lernen wie andere.

Diese Kinder brauchen Hilfe beim Lernen.

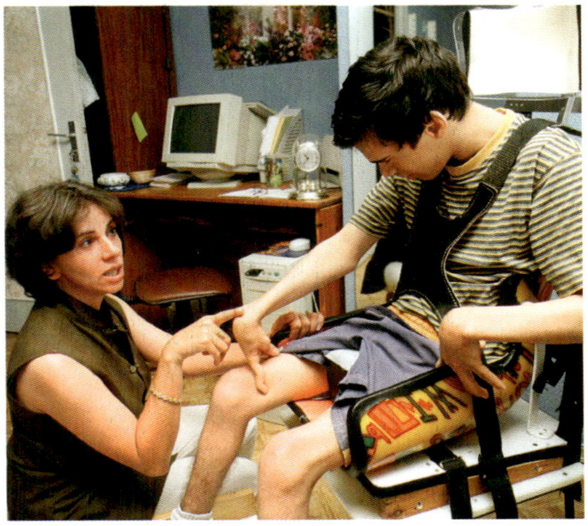

Blinde Menschen können nicht sehen.

Dafür hören und fühlen sie viel besser als sehende Menschen.

Manche von ihnen haben einen Blindenhund.

Einige Menschen hören nicht so gut wie andere.
Sie sind **hörbehindert.**
Ein Hörgerät hilft ihnen.

Andere Menschen hören fast nichts. Sie sind gehörlos.
Sie verständigen sich mit der Gebärdensprache.

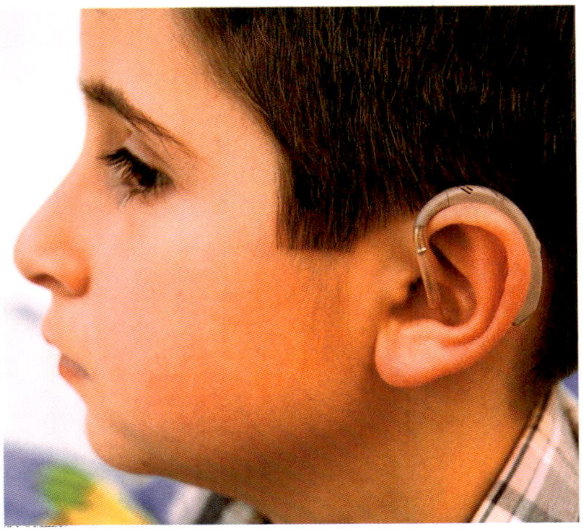

Leben im Rollstuhl

Tom kann nicht gehen.
Deshalb fährt er
mit dem Rollstuhl.

Jeden Morgen holt ihn
der Fahrdienst ab.
Er bringt Tom in die Schule.

In Toms Schule
lernen behinderte
und nichtbehinderte
Kinder gemeinsam.

Er kann viele Sachen
alleine machen.
Bei anderen braucht er Hilfe.

Tom flitzt in der Pause
mit den Kindern
über den Schulhof.

Tom und seine Schwester müssen Hausaufgaben machen.

Im Schwimmbad trainiert er seine Muskeln unter Wasser. Die Krankengymnastin zeigt ihm die Übungen.

Das Auto steht im Weg.
Tom ärgert sich.
Jetzt muss er einen großen Umweg machen.

Er braucht seinen Rollstuhl nicht immer.

Jeder muss im Haushalt helfen, auch Tom.

Lichterfeste der Welt

Jüdische Familien feiern **Chanukka.**
Das Fest dauert acht Tage.
Jeden Tag wird **eine Kerze mehr** angezündet.
Die Kinder bekommen jeden Tag ein Geschenk.

Früher hatte Licht eine große Bedeutung für die Menschen.
Es gab ihnen Wärme und Geborgenheit.

In Schweden feiert man den **Luciatag.**
Die älteste Tochter setzt morgens **einen Kranz mit Kerzen** auf.
Sie bringt der Familie die ersten Weihnachtsplätzchen.

Beim **Loy-Krathong-Fest** in Thailand setzen die Menschen **kleine Schiffchen mit Kerzen** auf die Flüsse und Seen.

Darum steht auch heute noch bei vielen Festen das Licht im Mittelpunkt.

Beim **Divali-Fest** in Indien werden überall **kleine Öllampen** angezündet. Die Kinder bekommen Süßigkeiten und neue Kleidung.

Sankt-Martin ist ein Fest in einigen europäischen Ländern. Wenn es dunkel wird, machen die Kinder einen **Laternenumzug.**

Unsere Erde

Auf der Erde gibt es **sieben Erdteile.** Wir leben in Europa.

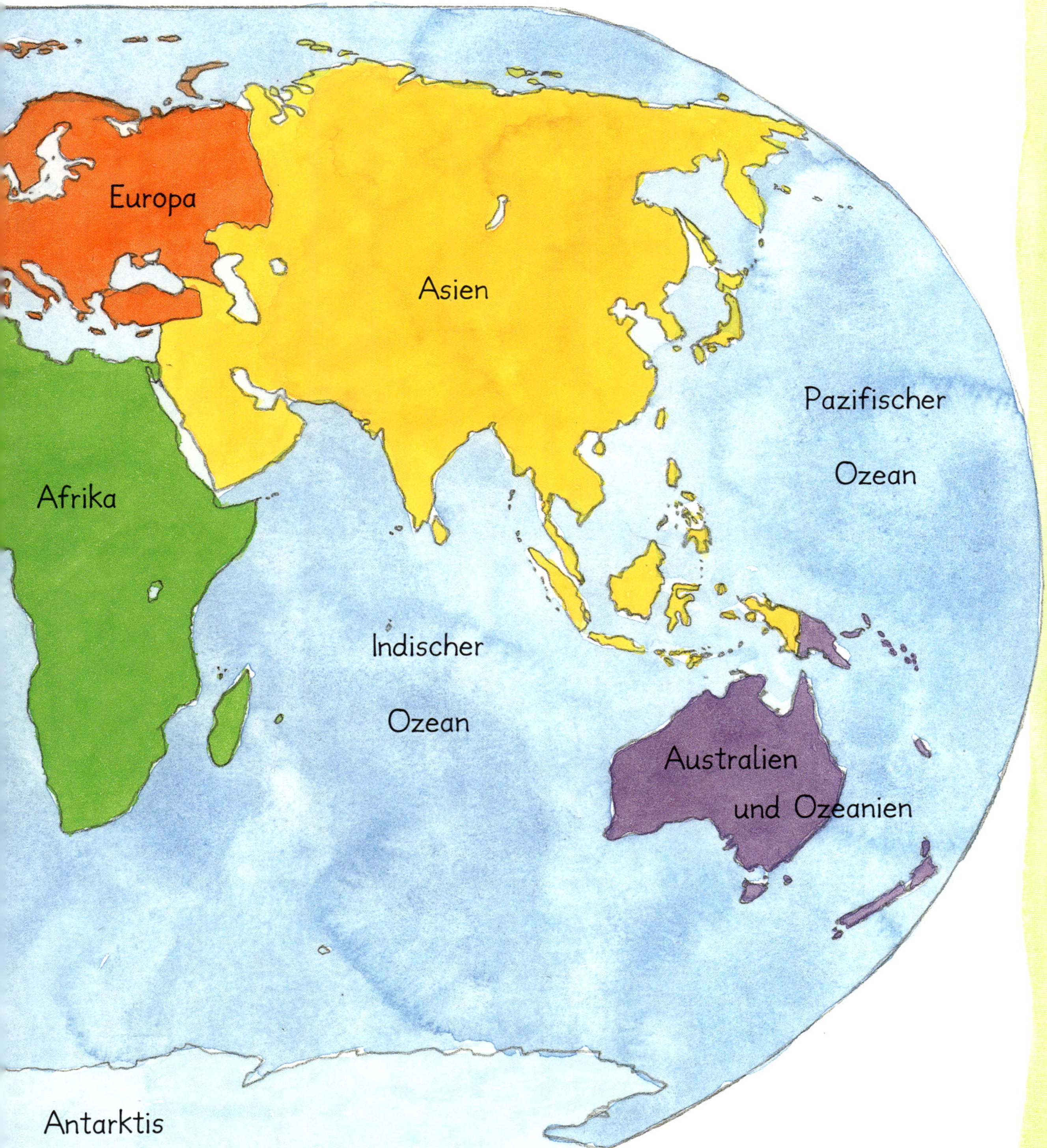
Europa
Asien
Afrika
Pazifischer
Ozean
Indischer
Ozean
Australien
und Ozeanien
Antarktis

Europa

Zu Europa gehören im Jahr 2010
49 Staaten.

1 Andorra
2 Monaco
3 Luxemburg
4 Liechtenstein
5 Vatikanstadt
6 San Marino
7 Mazedonien
8 Slowenien
9 Republik Moldau
10 Bosnien und Herzegowina
11 Montenegro
12 Armenien

Schweden
Finnland
Russland
Estland
Lettland
Litauen
Weiß-
russland
Polen
Tschechische
Republik
Ukraine
Slowakei
Österreich
Ungarn
9
8
Rumänien
Kroatien
Kaspisches
Meer
Georgien
Aserbaidschan
10
Serbien
Schwarzes Meer
12
11
Bulgarien
7
Albanien
Türkei
Griechenland
Zypern
Mittelmeer

Europäische Flaggen

Albanien

Andorra

Armenien

Aserbaidschan

Belgien

Bosnien und Herzegowina

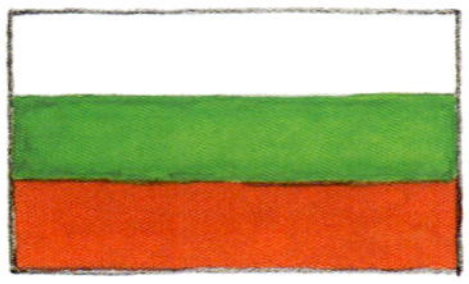
Bulgarien

Dänemark

Deutschland

Estland

Finnland

Frankreich

Georgien

Griechenland

Irland

Island

Italien

Kroatien

Lettland

Liechtenstein

Litauen

Luxemburg

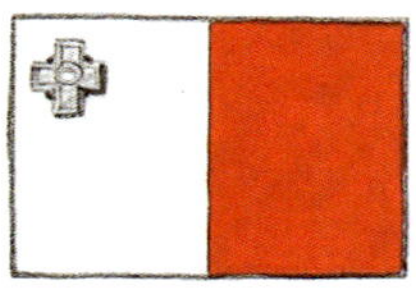
Malta

Mazedonien

Monaco

Montenegro

Niederlande

Norwegen

Österreich

Polen

Portugal

Republik Moldau

Rumänien

Russland

San Marino

Schweden

Schweiz

Serbien

Slowakei

Slowenien

Spanien

Tschechische Republik

Türkei

Ukraine

Ungarn

Vatikanstadt

Vereinigtes Königreich

Weißrussland

Zypern

Europäische Union

Das alles sind Familien

Die Eltern von Sascha
haben sich getrennt.
Sascha wohnt
bei seiner Mutter.

Jonas, Melanie, Eva,
Volkan und Kara
kommen aus
fünf verschiedenen
Familien.

Jetzt leben sie
im Kinderdorf
mit ihrer neuen Mutter
zusammen.

Jan, Nele und Imke haben eine große Familie. Drei Kinder, die Eltern, die Großeltern und ein Onkel wohnen zusammen.

Murat und Esma haben eine kleine Familie: Mutter, Vater und die beiden Kinder.

Die Mutter von Jonas und der Vater von Teresa haben sich kennen gelernt. Jetzt sind sie alle vier eine neue Familie.

Verwandtschaft

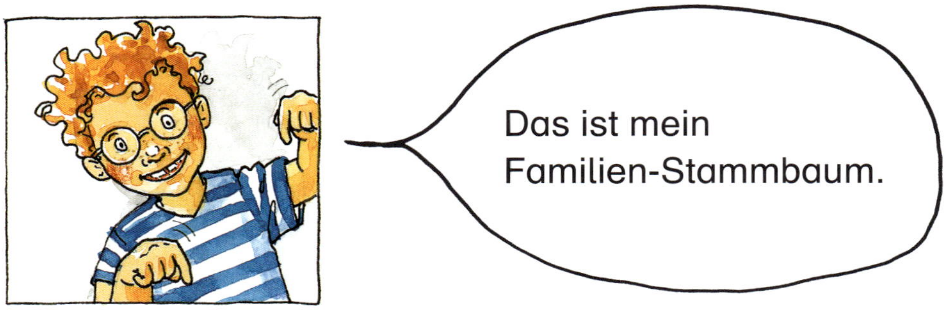

Tom

Mamas Eltern
und Papas Eltern
sind Toms **Großeltern.**

Die Frau von Onkel Stefan
ist Toms **Tante.**

Tom ist ein **Enkel** von
Oma Heidi und Opa Helmut
und von Oma Karin
und Opa Manfred.

Die Kinder von Onkel Stefan
und Tante Simone
sind Toms **Cousine**
und Toms **Cousin.**

Till und Marie sind
die **Geschwister** von Tom.

Papas Bruder Robert
ist ein **Onkel** von Tom.

Zeitmessung

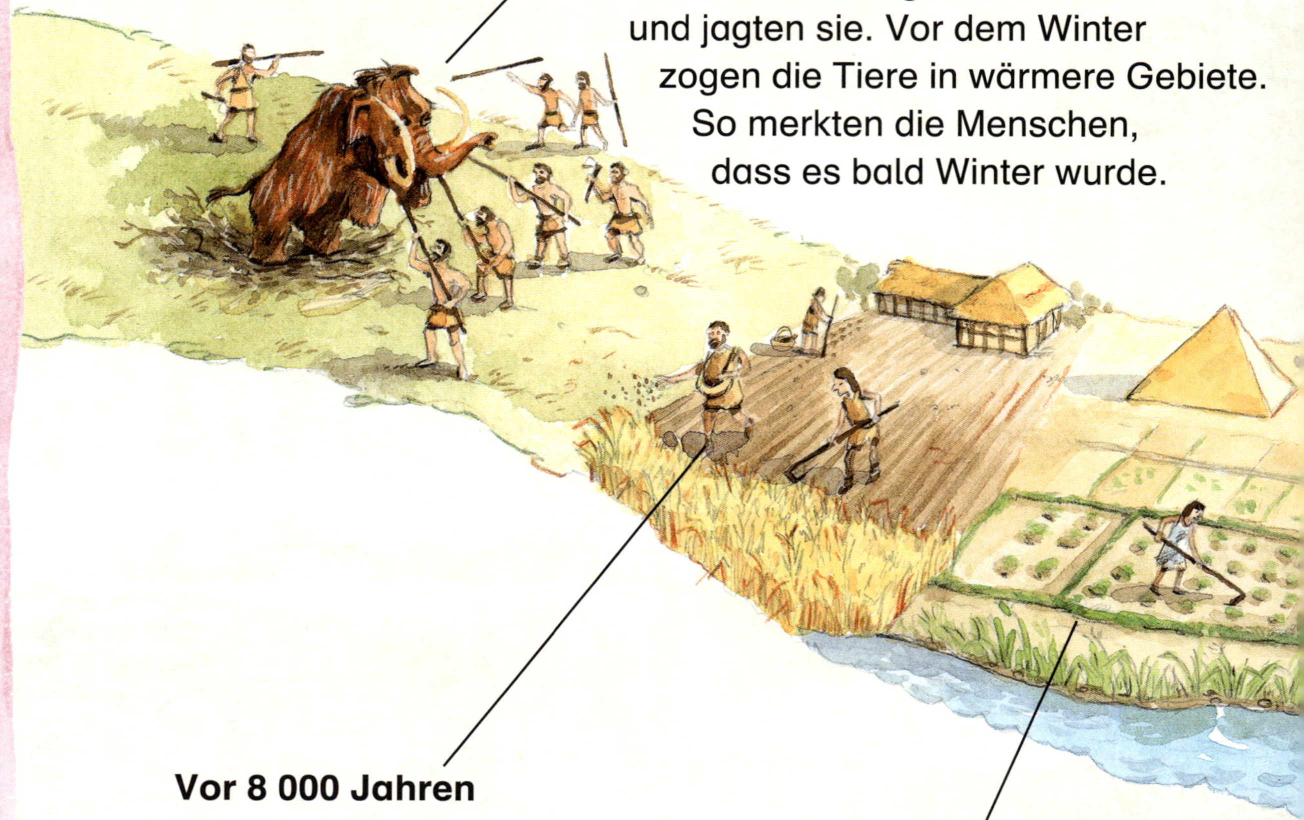

Vor 30 000 Jahren
Die Menschen folgten Tierherden und jagten sie. Vor dem Winter zogen die Tiere in wärmere Gebiete. So merkten die Menschen, dass es bald Winter wurde.

Vor 8 000 Jahren
Die Menschen säten und ernteten. Sie mussten wissen, wann es Frühling wird. Darum beobachteten sie die Jahreszeiten.

Vor 3 000 Jahren
Bei den Ägyptern arbeiteten viele Menschen gemeinsam an großen Aufgaben. Zur Arbeitsteilung brauchten sie eine genaue Zeitmessung. Sie teilten den Tag in Stunden und Minuten ein.

Stonehenge
Hier beobachteten
vor 3 500 Jahren
die Menschen
den Lauf der Sonne.

Vor 110 Jahren
Städte und Länder hatten
verschiedene Uhrzeiten.
Für den Zugverkehr
zwischen den Städten
brauchten die Menschen
eine gemeinsame Uhrzeit.

Heute
Für die Technik musste man
die Zeit immer genauer messen.
Die genaueste Zeit heißt Atomzeit.
Eine Atomsekunde ist
ein winziger Teil einer Sekunde.

Zeit im Alltag

1 der Abreißkalender
2 der Monatskalender
3 der Stundenplan
4 der Termin
5 der Geburtstag
6 das Fernsehprogramm

7 der Fahrplan
8 die Sanduhr
9 die Stoppuhr

10 der Wecker
11 die Turmuhr
12 die Sonnenuhr

Monate und Jahreszeiten

**Die Erde umkreist die Sonne.
Für einen Umlauf
braucht sie ein Jahr.
Das sind 12 Monate.**

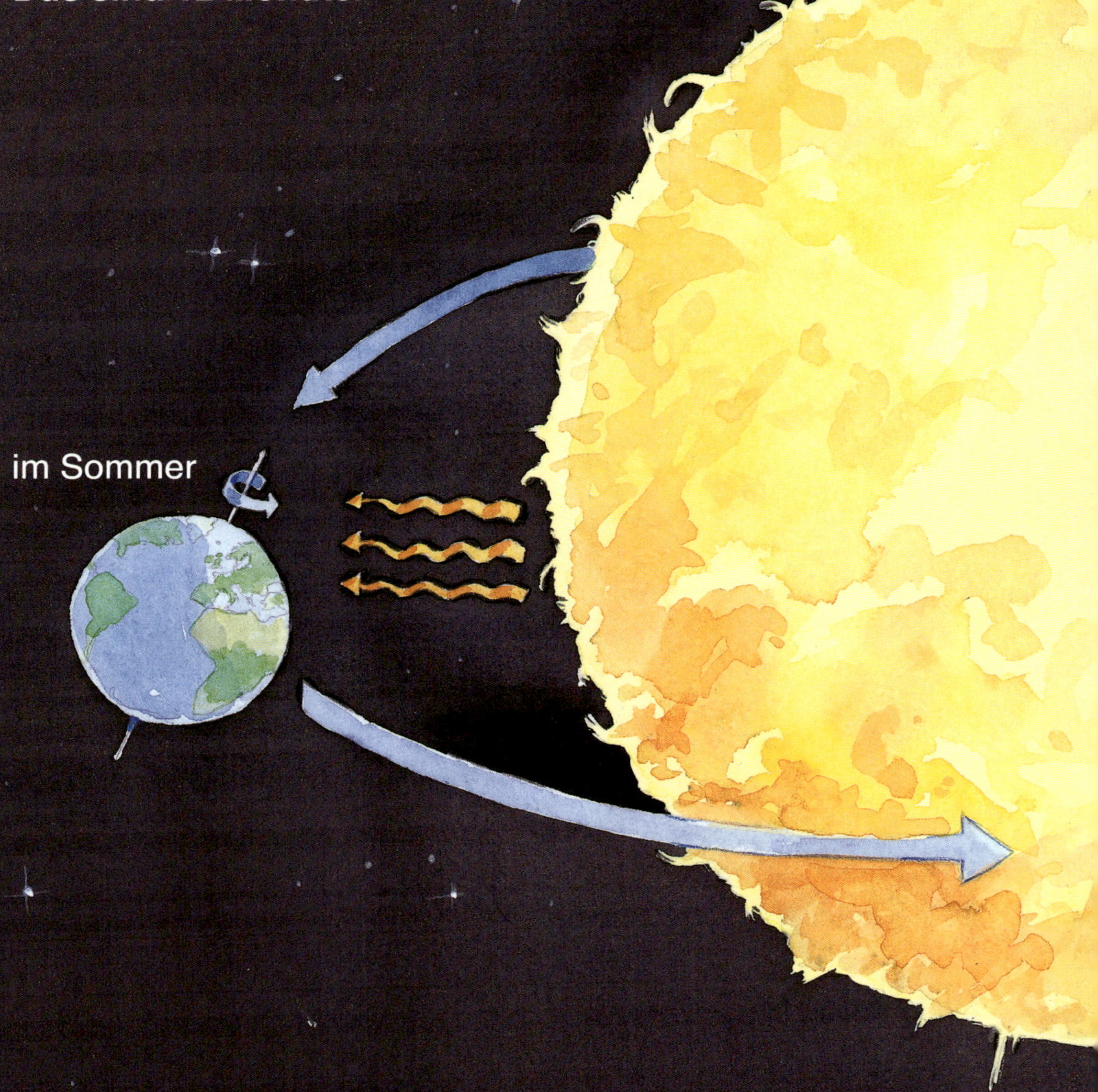

Im Juli treffen
die Strahlen der Sonne
steil auf Europa.
Es ist warm.

Im Januar treffen
die Strahlen der Sonne
flach auf Europa.
Es ist kalt.

Tag und Nacht

Die Erde dreht sich um sich selbst. Für eine Umdrehung braucht sie 24 Stunden.

Das sind ein Tag und eine Nacht.

der Vollmond

der abnehmende Mond

der Halbmond

Der Mond umkreist die Erde.

Für eine Umrundung
braucht er 28 Tage.

Der Mond leuchtet nicht selbst.
Er wird von der Sonne
angestrahlt.

Wir sehen immer nur
den Teil des Mondes,
der von der Sonne beleuchtet wird.

der zunehmende
Mond

In Feld und Wald

Kaninchen

Kaninchen haben kurze Hinterbeine.
Ihre Ohren sind kürzer als ihr Kopf.

Hasen

Hasen haben sehr lange Hinterbeine.
Ihre Ohren sind länger als ihr Kopf.

Kaninchen graben Höhlen und Gänge unter der Erde.
Diese Höhlen nennt man Bau.

Hasen buddeln sich flache Mulden auf dem Boden.
Diese Mulden nennt man Sasse.

Kaninchenjunge kommen nackt und blind zur Welt.

Sie kommen erst nach drei Wochen aus dem sicheren Bau.

Darum nennt man sie Nesthocker.

Hasenjunge kommen mit Fell zur Welt. Sie können schon sehen.

Schon kurz nach der Geburt können sie bei Gefahr weglaufen.

Darum nennt man sie Nestflüchter.

Diese Tiere schlafen in der Nacht.

Eichhörnchen schlafen in einem Nest aus Zweigen.

Schmetterlinge schlafen mit zusammengeklappten Flügeln an einem Zweig.

Amseln schlafen auf Bäumen.

Eidechsen schlafen in Mauerritzen oder in Felsspalten.

Diese Tiere schlafen am Tag.

Wildschweine schlafen
im dichten Gebüsch im Wald.

Waldmäuse schlafen
in einem Bau unter der Erde.

Igel schlafen in Laubhaufen
und unter Holzstapeln.

Baummarder schlafen
in Baumhöhlen.

Lebensraum Baum

In einem Baum leben viele Tiere.
Hier finden sie Schutz und Nahrung.

Die **Holzameisen** fressen die süßen Ausscheidungen der Blattläuse.

Das **Eichhörnchen** baut ein Kugelnest.

Die **Laufkäfer** fressen Raupen und Insekten.

Die **Waldmaus** wohnt in einem Bau zwischen den Wurzeln.

Die **Blattläuse** ernähren sich von dem Saft der Blätter.

Die **Waldohreule** brütet in alten Nestern von Krähen.

Der **Specht** hackt sich seine Höhle in den Baumstamm hinein.

Die **Springspinne** baut kein Netz. Sie springt auf ihre Beute.

Der **Igel** hat sein Nest in einer Baumhöhle. Er wohnt auch unter Ästen und Laub.

Auf der Wiese

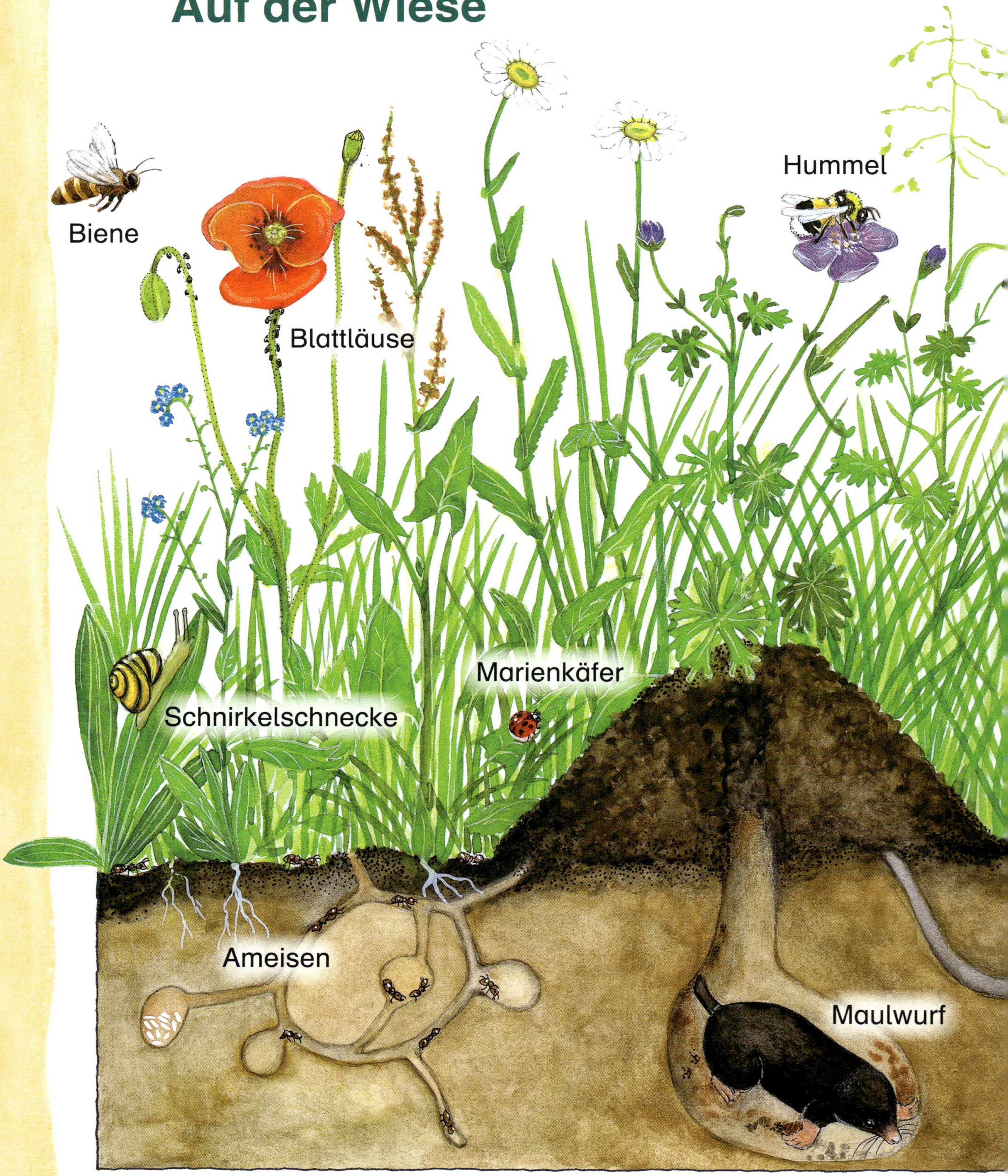

Kleiner Fuchs
Spinne
Grashüpfer
Goldläufer
Feldmaus
Asseln
Regenwurm

Tiere und ihre Nahrung

Der **Kleine Fuchs** saugt
mit seinem langen Rüssel
Saft aus den Blüten.

Die **Kreuzspinne** ernährt sich
von Insekten,
die in ihr Netz fliegen.

Die **Assel** frisst
faulende Pflanzenteile
und Laub.

Der **Maulwurf** frisst
Regenwürmer und Larven,
die in seine Gänge fallen.

Die **Honigbiene** saugt Saft aus den Blüten und sammelt Blütenstaub.

Die **Feldmaus** frisst Klee, Gräser, Getreide und Rüben.

Der **Goldlaufkäfer** frisst Raupen, Würmer und kleine Insekten.

Der **Regenwurm** frisst Pflanzenteile und macht daraus wertvolle Erde.

Im und am Wasser

der Graureiher
die Stockente
der Frosch
die Kaulquappe
der Hecht
der Gelbrandkäfer

Auf dem Bauernhof

die Kuh das Kalb der Stier

der Eber die Sau das Ferkel

der Hengst das Fohlen die Stute

das Lamm das Schaf der Widder

das Küken die Henne der Hahn

die Ziege das Zicklein der Ziegenbock

In der Luft

Greifvögel stürzen sich aus dem Flug auf ihre Beute.
Sie haben scharfe Krallen und spitze Hakenschnäbel.

Der Mäusebussard frisst Mäuse und andere kleine Tiere.

Bei der Jagd kreist er am Himmel. Dabei bewegt er die Flügel kaum.

Auch **der Turmfalke** frisst Mäuse und andere kleine Tiere.

Bei der Jagd kann er in der Luft stehen bleiben.
Dazu schlägt er ganz schnell mit den Flügeln.
Man sagt, er „rüttelt“.

Manche Greifvögel jagen in der Nacht.
Sie heißen **Eulenvögel.**
Zu den Eulenvögeln gehören Käuze, Uhus und Eulen.

der Waldkauz

der Uhu

die Schleiereule

Eulen können ihren Kopf rundherum drehen.

Eulen können sehr gut hören und nachts gut sehen.

Eulen haben besonders weiche Federn. Darum können sie lautlos fliegen.

So überraschen sie ihre Beute.

Tiere anderswo

Kängurus leben
in Australien.
Sie sind Beuteltiere.
Ein Känguru-Baby wird nackt
und winzig klein geboren.
Nach der Geburt krabbelt es
in den Beutel seiner Mutter.

Kamele mit einem Höcker
heißen Dromedar.
Kamele mit zwei Höckern
heißen Trampeltier.
Sie leben in Afrika und Asien.

Wale sind Säugetiere.
Sie leben im Meer.
Sie atmen Luft durch
die Blaslöcher auf dem Kopf.
Ein Walbaby wird lebend
unter Wasser geboren.

Im Beutel saugt das Baby aus einer Zitze Milch.
Nach sechs Monaten springt es zum ersten Mal aus dem Beutel.

In ihren Höckern speichern sie Fett.
Davon können sie viele Monate leben.
Wenn das Fett verbraucht ist, knickt der Höcker um.

Der Blauwal ist das größte Lebewesen auf der Erde.
Er kann 31 Meter lang werden.
Die Wale sind vom Aussterben bedroht.

Im Winter

Die **Amsel** plustert ihr Gefieder dick auf. Die Luft zwischen den Federn hält ihren Körper warm.

Das **Eichhörnchen** vergräbt im Herbst Nüsse. Dann schläft es in seinem Kobel. Wenn es Hunger hat, holt es sich die Nüsse.

Die **Marienkäfer** überwintern in großen Gruppen. Sie sitzen ganz eng zusammen in den Ritzen von Bäumen.

Der **Zitronenfalter** überwintert
in Baumhöhlen, unter Laub
oder unter Steinen.
Er klammert sich fest und
klappt die Flügel zusammen.

Der **Igel** frisst sich im Herbst
einen dicken Winterspeck an.
Dann schläft er ganz fest
unter einem Laubhaufen.

Die **Fische** überwintern
auf dem Grund des Sees.
Hier ist das Wasser
nicht gefroren.

Der **Grasfrosch** überwintert
in tiefen Mauselöchern
oder im Schlamm
auf dem Grund des Sees.

Die Entwicklung des Marienkäfers

Das **Männchen** sucht sich ein **Weibchen.** Sie paaren sich.

Zuerst ist der **Körper hellorange** und sehr weich.
Dann färbt er sich rot und bekommt Punkte.

In ihrer Hülle verwandelt sich die Puppe in einen **Marienkäfer.** Er streift die alte Hülle ab.

Das Weibchen legt **Eier** ab.
Es sucht sich dafür Blätter aus,
auf denen viele Blattläuse sitzen.

Die **Larven** schlüpfen
aus den Eiern.
Sie fressen am Tag
bis zu 50 Blattläuse
und wachsen schnell.

Die dicken Larven hängen sich
an ein Blatt und streifen ihre Hülle ab.
Sie verwandeln sich in eine **Puppe.**

Auf der Wiese

Glatthafer
Margerite
Kerbel
Wiesen-
schaumkraut
Platterbse

Im Garten

Im Garten wachsen viele Pflanzen: Bäume, Sträucher, Blumen, Gras, Gemüse, Früchte, Salat, Kräuter.

Viele Pflanzen kann man essen.

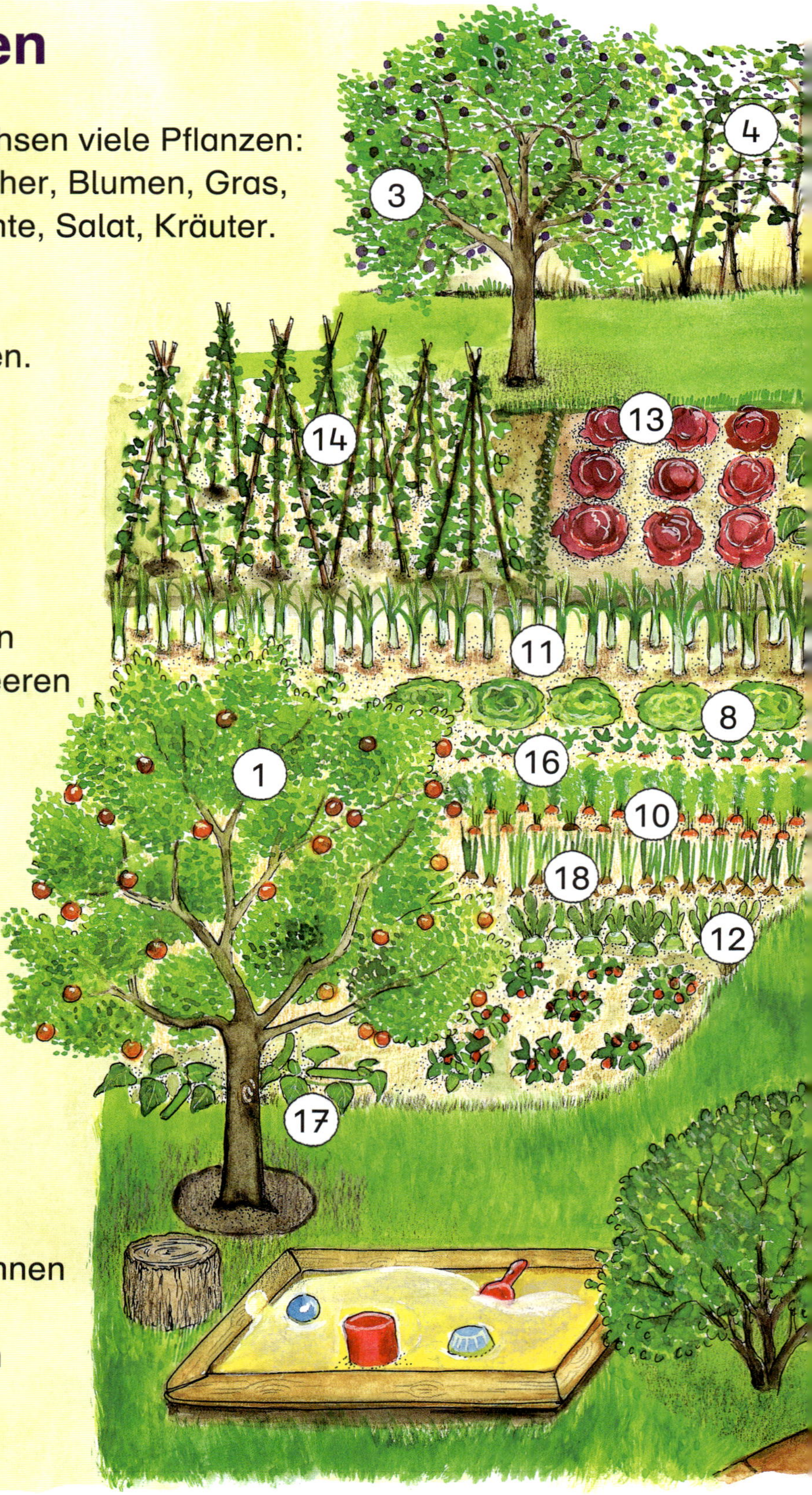

Obst

1 Äpfel
2 Birnen
3 Pflaumen
4 Brombeeren
5 Johannisbeeren

Gemüse

6 Kartoffeln
7 Spinat
8 Salat
9 Tomaten
10 Möhren
11 Porree
12 Kohlrabi
13 Rotkohl
14 Stangenbohnen
15 Zucchini
16 Radieschen
17 Gurken
18 Zwiebeln

5
7
6
15
2
9

Gemüse auf und unter der Erde

die Kartoffel
Kartoffeln sind Knollen.
Sie wachsen unter der Erde.
Bevor man Kartoffeln essen kann,
muss man sie kochen.

der Spinat
Spinat sind die Blätter
einer Pflanze. Sie wächst
über der Erde. Man isst
die Blätter meistens gekocht.

die Möhre
Möhren sind Wurzeln.
Sie wachsen unter der Erde.
Möhren kann man roh
oder gekocht essen.

der Kohlrabi
Der Kohlrabi hat eine Knolle
und wächst über der Erde.
Kohlrabi kann man roh
oder gekocht essen.

der Porree
Porree wächst in Stangen unter
und über der Erde.
Man isst ihn meistens gekocht.

Kräuter benutzt man als Gewürz für Speisen.
Es gibt frische und getrocknete Kräuter.

Pfefferminze

Basilikum

Thymian

Bohnenkraut

Dill

Petersilie

Rosmarin

Nadelbäume

die Fichte

Die Fichte hat harte
und spitze Nadeln.
Die länglichen Zapfen hängen von den Zweigen herab.

die Kiefer

Die Kiefer hat sehr lange
Nadeln. Immer zwei Nadeln
gehören zusammen.
Die kugeligen Zapfen hängen nach unten.

Die Tanne hat weiche Nadeln.
Auf der Unterseite sind
zwei weiße Streifen.
**Die Zapfen stehen
wie Kerzen auf den Zweigen.**

die Tanne

Nadelwald

Die Lärche hat weiche
Nadeln. Sie wachsen
in Büscheln. **Die kleinen,
kugeligen Zapfen sitzen
auf den Zweigen.**

die Lärche

Laubbäume

die Eiche

Die Eiche hat längliche Blätter mit Lappen am Rand.
Die Früchte heißen Eicheln.
Die Eicheln haben eine Kappe.

die Buche

Die Buche hat eiförmige Blätter.
Am Rand sind kleine Wellen.
Die Früchte heißen Bucheckern. Sie stecken in einer stacheligen Schale.

Der Ahorn hat breite Blätter.
Sie haben viele Spitzen.
Die Früchte heißen Ahornsamen.
Sie haben zwei Flügel.

der Ahorn

Laubwald

Die Birke hat dreieckige Blätter mit vielen kleinen Zacken.
Die winzig kleinen Früchte heißen Nussfrüchte.

die Birke

Ein Baum im Jahreslauf

So verändert sich ein Apfelbaum:

An den Zweigen brechen die Knospen auf.
Zarte Blätter und Blüten wachsen. Die Bienen befruchten die Blüten.

Der Baum ist kahl.
Er ruht bis zum Frühling. An den Zweigen sitzen schon kleine Knospen. Sie platzen im Frühling auf.

Die grünen Blätter werden kräftiger.
Aus den befruchteten Blüten wachsen langsam Äpfel.

Die Äpfel sind reif.
Die Blätter färben sich gelb und grau-braun.
Dann fallen sie herunter.

Die Entwicklung einer Pflanze

So wachsen Bohnen:

die Bohne
Aus der Bohne wächst im nächsten Jahr wieder eine Pflanze.

die Hülsen
Die Hülsen werden größer. In den Hülsen reifen die Bohnen.

Aus den bestäubten Blüten wachsen kleine Hülsen.

die Blüte
Die Blüten locken die Bienen an.
Die Bienen bestäuben die Blüten.

der Keim

Steckt man eine Bohne
in die Erde und gießt sie,
quilt sie auf. Eine junge Pflanze
beginnt zu wachsen.

der Keimling

Aus dem Keim bildet
sich zuerst eine Wurzel.
Sie heißt Keimling.

Dann entfalten sich
zwei grüne Keimblätter.

die Pflanze

Wenn die Pflanze groß ist,
bekommt sie Blüten.

Exotische Pflanzen

Im tropischen Regenwald

Im Regenwald ist es sehr warm und feucht.
Es regnet fast jeden Tag.
Außerdem ist es dunkel. Die vielen Bäume und Pflanzen lassen die Sonne nicht durch.

Deshalb wachsen hier besondere Pflanzen.

Der **Würgerbaum** wächst mit seinen langen Wurzeln an anderen Bäumen herunter. Die Wurzeln werden immer dicker und erwürgen den Baum.

Die **Luftpflanzen** wachsen hoch oben auf den Ästen der Bäume. Dort ist es hell. Sie sammeln zwischen ihren Blättern Regenwasser.

Auch **Orchideen** wachsen hoch oben auf den Bäumen. Hier haben sie genug Licht. Mit leuchtenden Blüten locken sie die Insekten an.

Einige **Farne** wachsen auf den Bäumen. Andere Farne sind selbst so groß wie Bäume.

Wir werden immer größer

9 Monate lang wächst ein Baby im Bauch seiner Mutter.

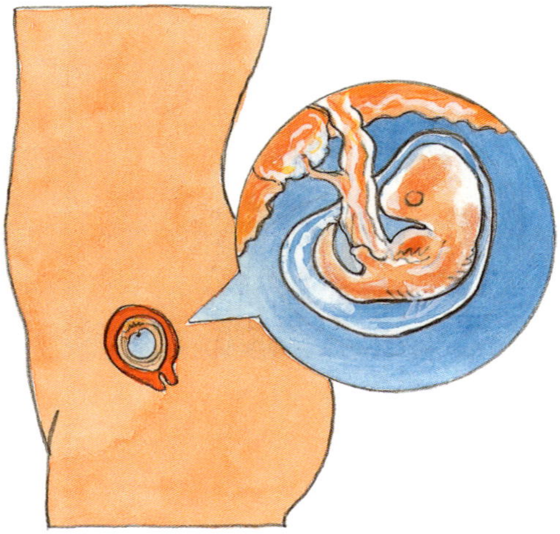

1. Monat
Das Kind ist nur so groß wie ein Stecknadelkopf.

2. Monat
Die Arme und die Beine beginnen zu wachsen. Das Kind ist jetzt ungefähr zwei bis drei Zentimeter groß und wiegt drei Gramm.

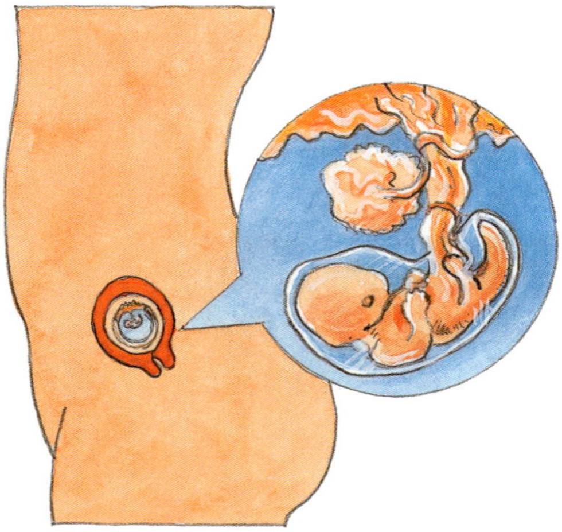

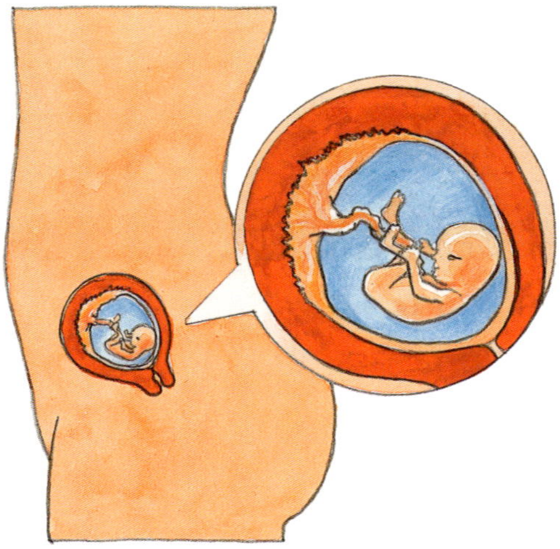

3. Monat
Das Kind dreht seinen Körper, beugt Arme und Beine und hat ab und zu einen Schluckauf. Es ist etwa neun Zentimeter groß und wiegt 48 Gramm.

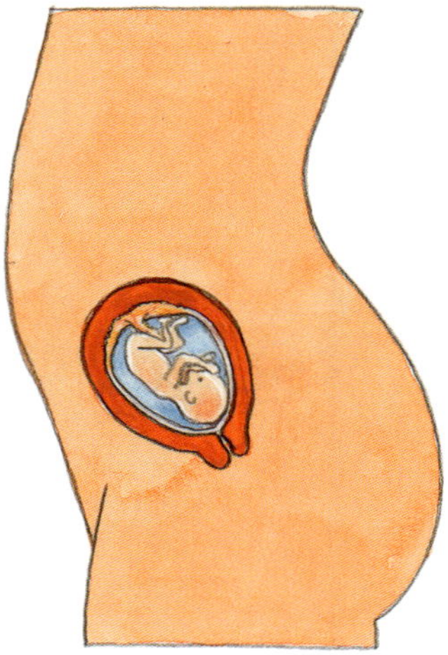

4. Monat
Auf dem Körper des Kindes wachsen weiche Haare.
Es ist ungefähr 13 Zentimeter groß und 80 Gramm schwer.

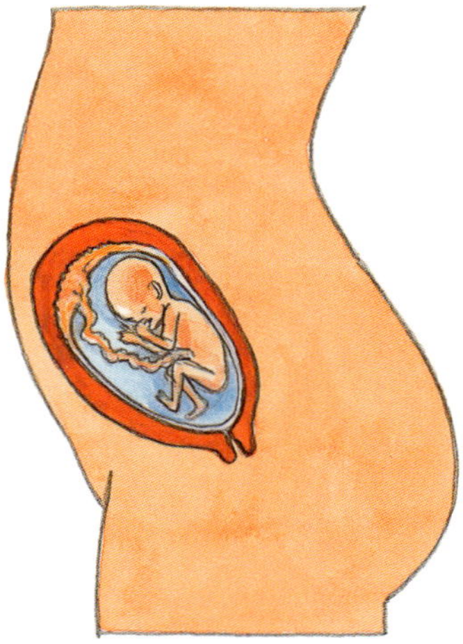

5. Monat
Das Kind bewegt sich viel und lutscht am Daumen.
Es kann jetzt hören.
Es ist etwa 18 Zentimeter groß und wiegt 500 Gramm.

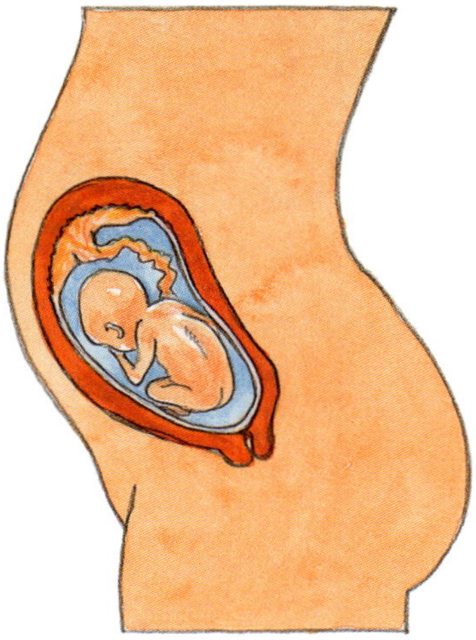

6. Monat
Das Gehirn entwickelt sich und ist in der Lage sich zu erinnern und zu lernen.
Das Kind ist etwa 25 Zentimeter groß und ein Kilogramm schwer.

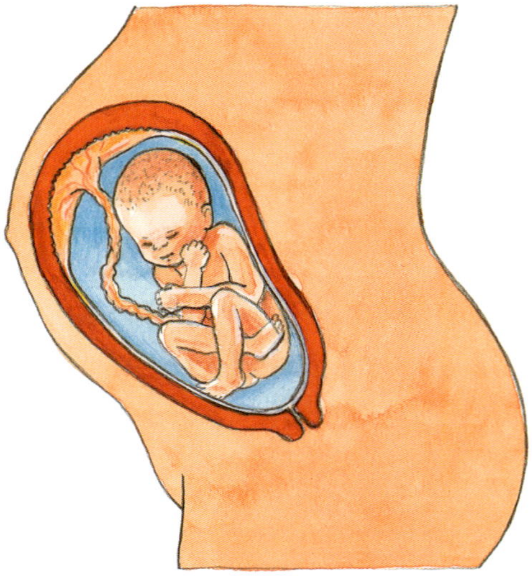

7. Monat
Das Kind kann jetzt schon die Augen öffnen.
Es ist etwa 28 Zentimeter groß und wiegt 1500 Gramm.

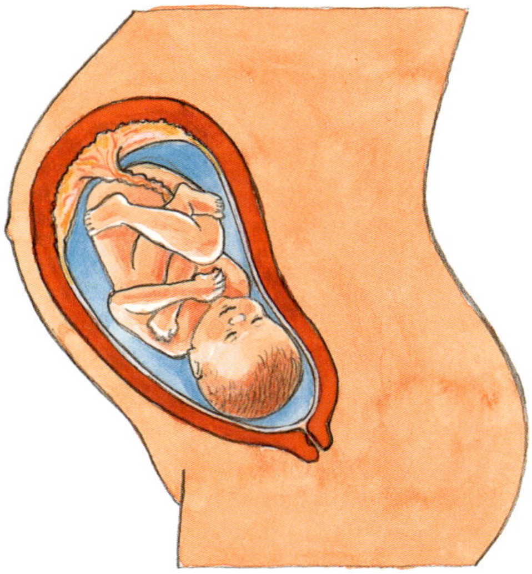

8. Monat
Das Kind dreht sich mit dem Kopf nach unten.
Es ist etwa 32 Zentimeter groß und wiegt 2500 Gramm.

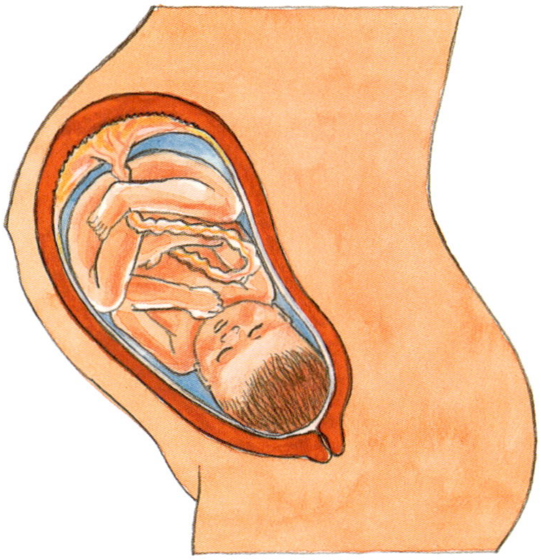

9. Monat
Die Augen sind geöffnet, wenn das Kind wach ist.
Es ist etwa 50 Zentimeter groß und wiegt zwischen drei und vier Kilogramm.

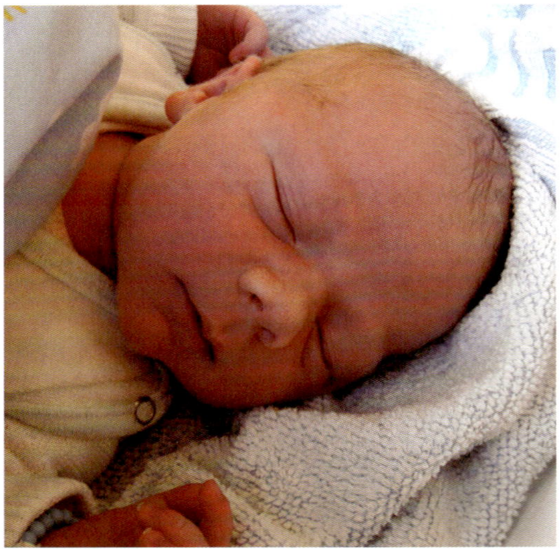

Geburt
Das Kind atmet jetzt alleine.

... und dann

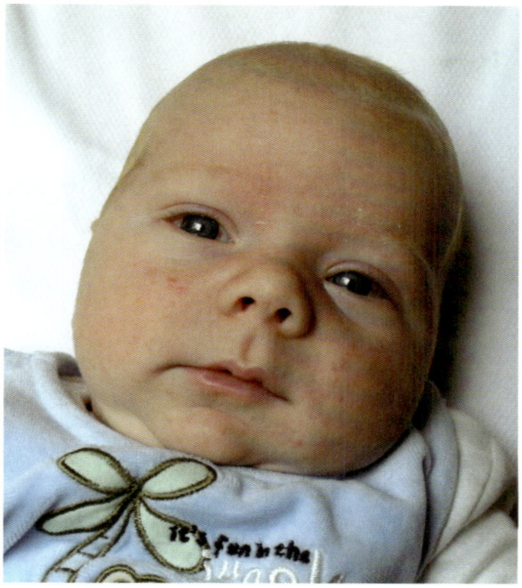

4 Wochen alt
Der Säugling lernt zu sehen und zu greifen.

9 Monate alt
Das Baby lernt zu sitzen und zu krabbeln.

4 Jahre alt
Das Kindergartenkind kann singen, basteln, turnen und noch viel mehr.

7 Jahre alt
Das Schulkind lernt lesen, schreiben und rechnen.

Mädchen und Jungen

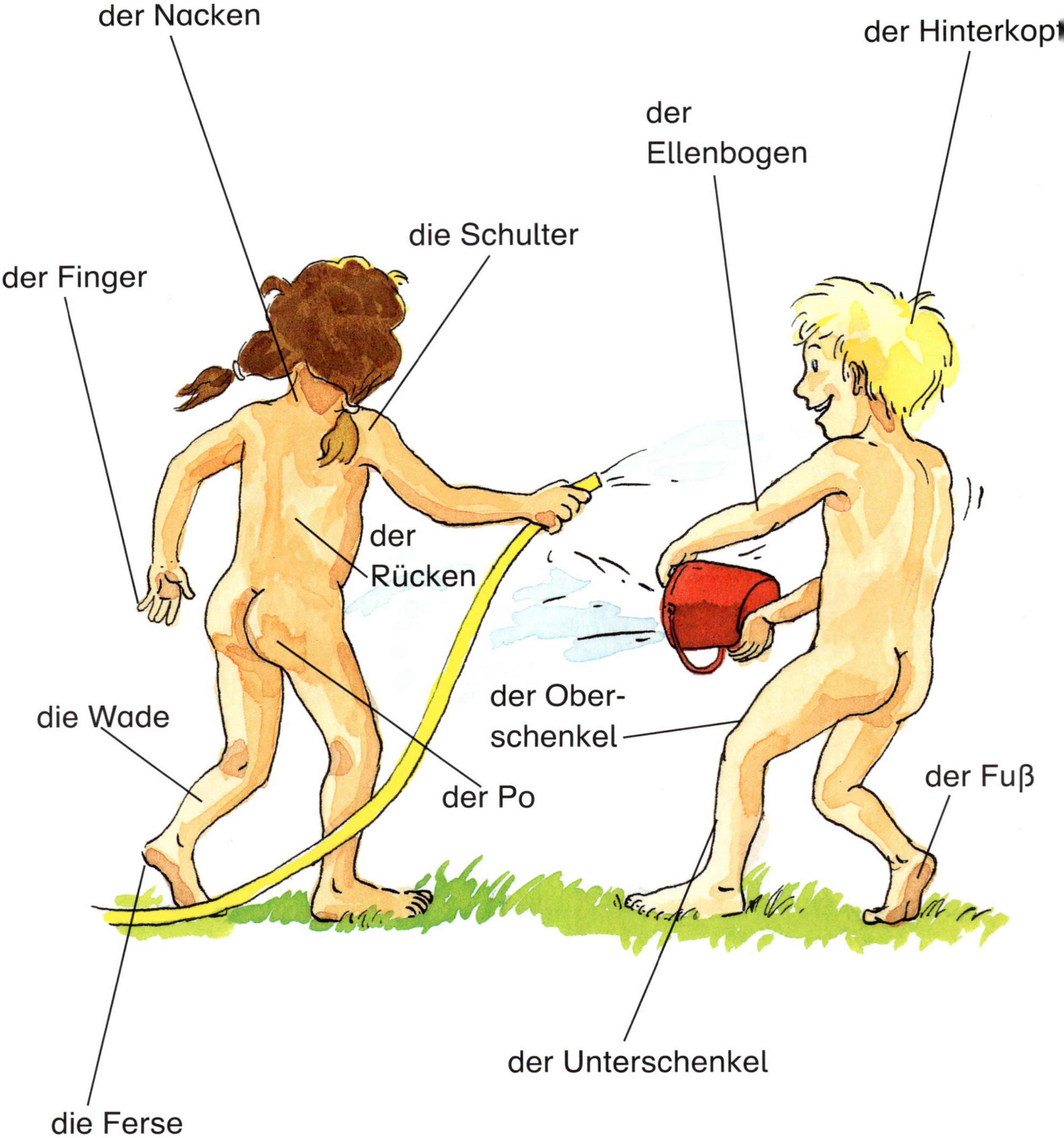

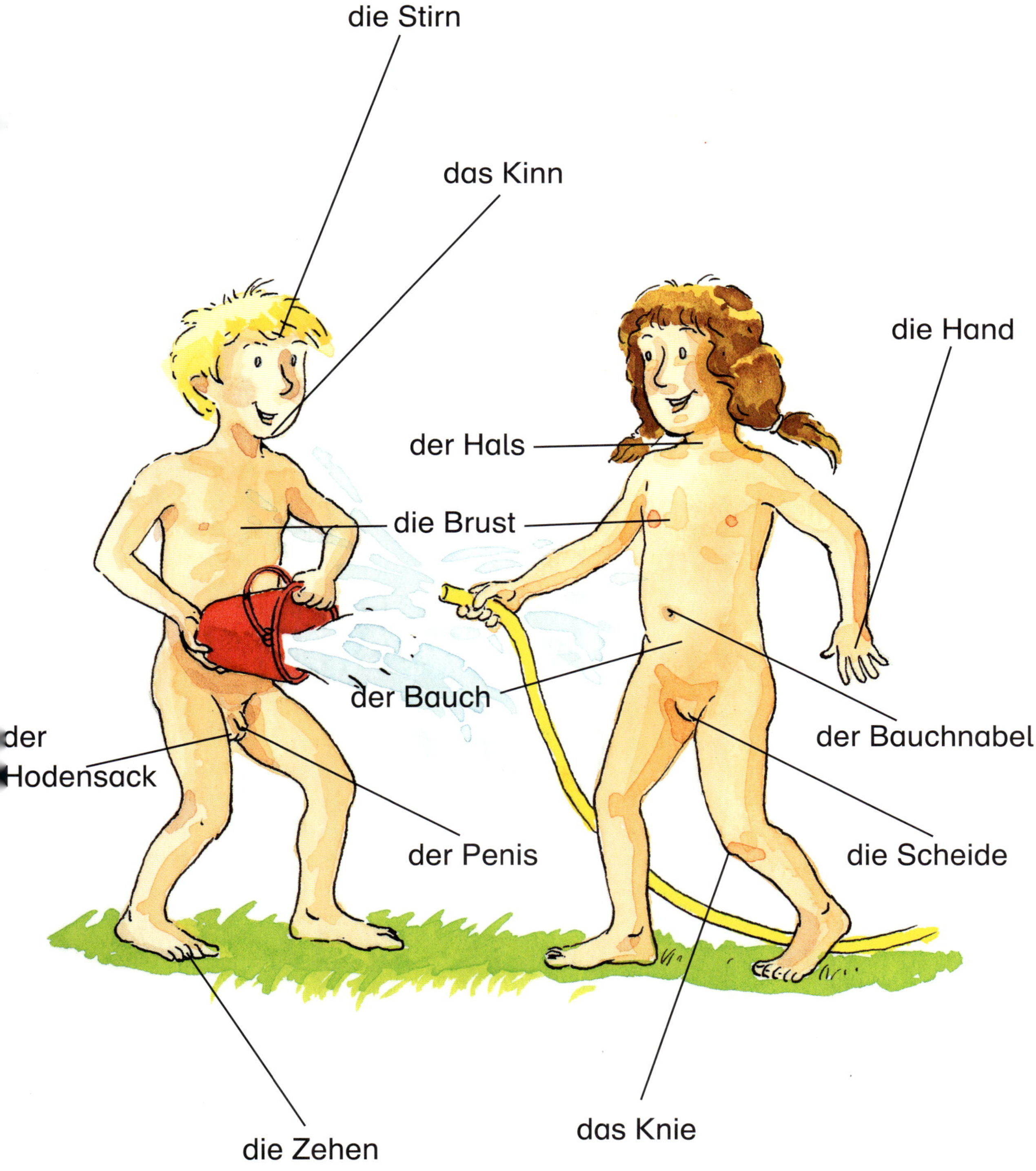
die Stirn
das Kinn
die Hand
der Hals
die Brust
der Bauch
der Bauchnabel
der Hodensack
der Penis
die Scheide
die Zehen
das Knie

Die Milchzähne

Schneidezahn

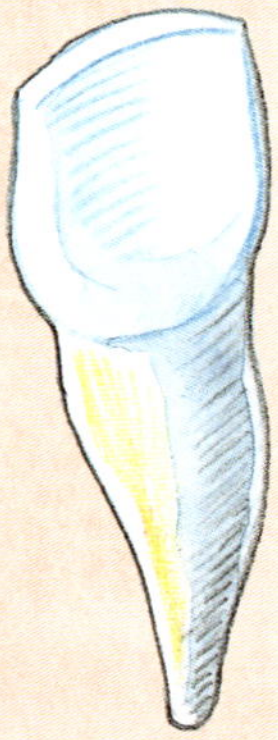

Die Schneidezähne
sind dünne,
scharfe Zähne.
Sie beißen
den Bissen ab.

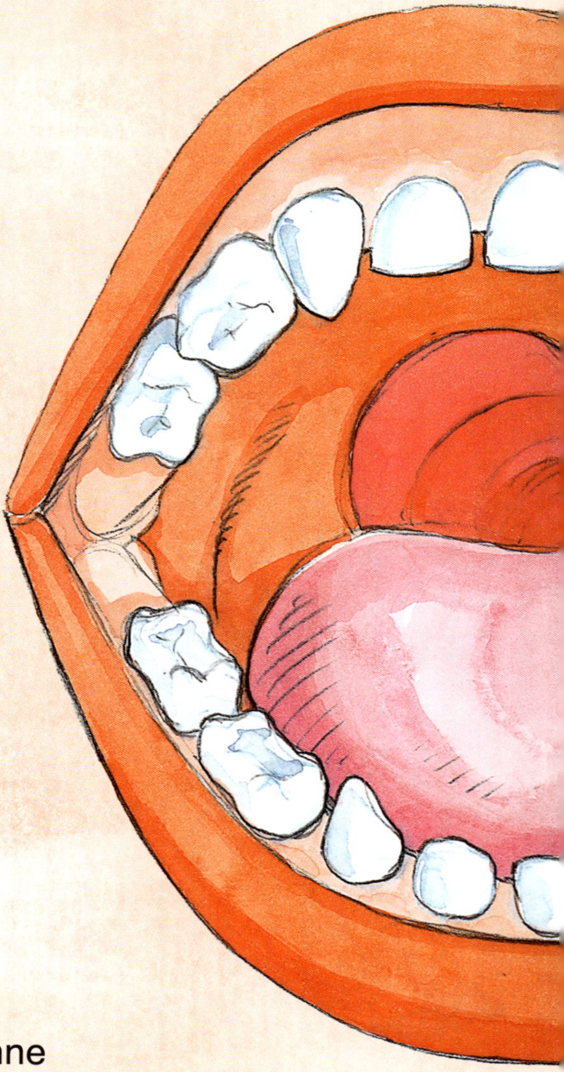

Eckzahn

Die Eckzähne
sind scharfe,
spitze Zähne.
Sie halten
den Bissen fest.

Backenzahn

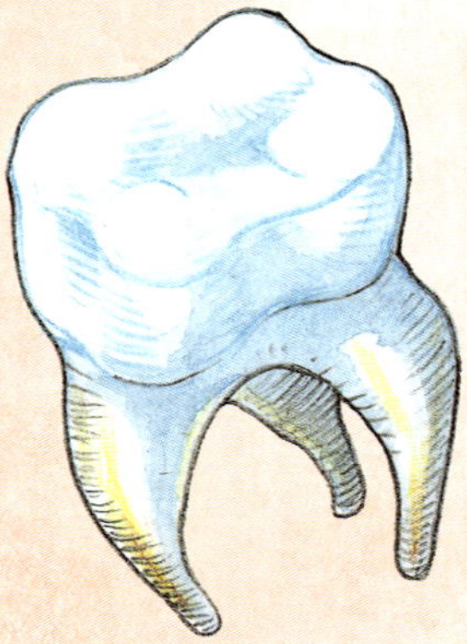

Die Backenzähne
sind breite,
flache Zähne.
Sie kauen
den Bissen klein.

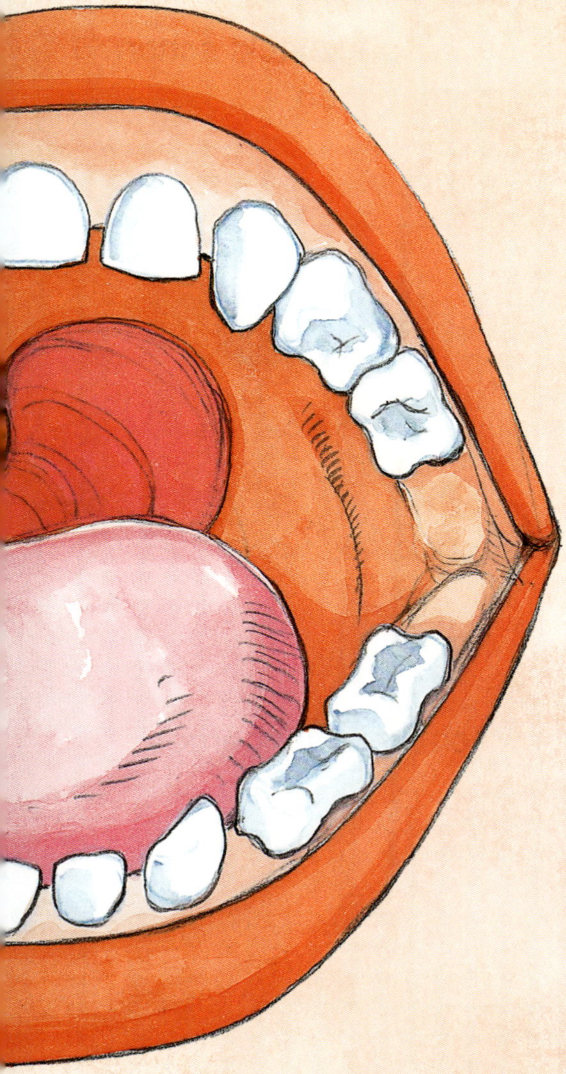

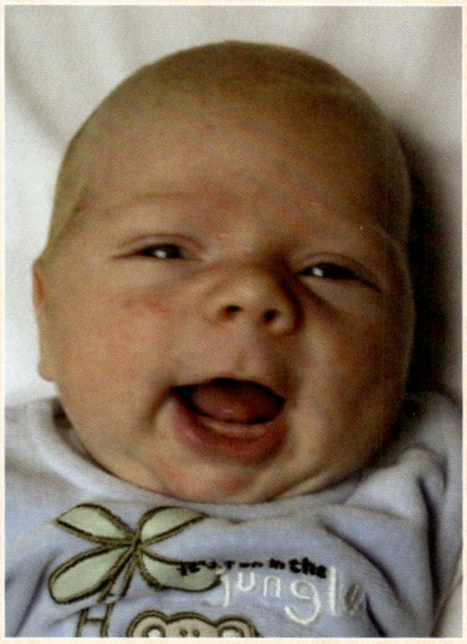

Ein Baby hat noch keine Zähne.

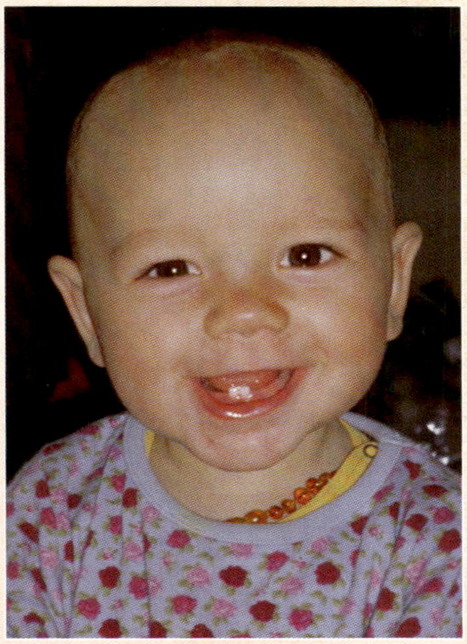

Nach etwa sechs Monaten kommen die ersten Zähne.

Mit etwa sechs Jahren fallen die Milchzähne aus. Die neuen Zähne kommen.

Ein neuer Zahn

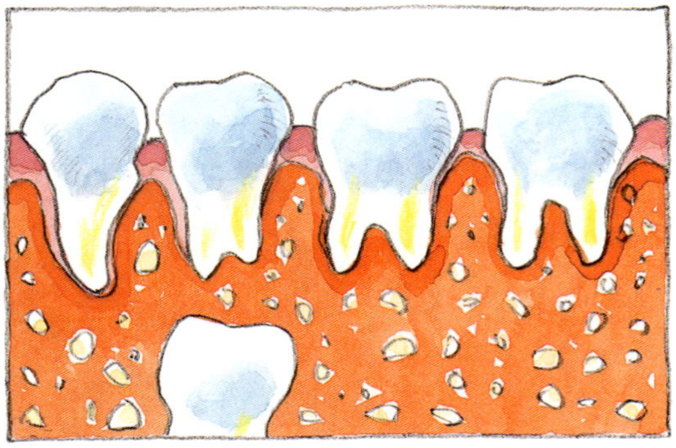

Der neue Zahn steckt schon im Kieferknochen.

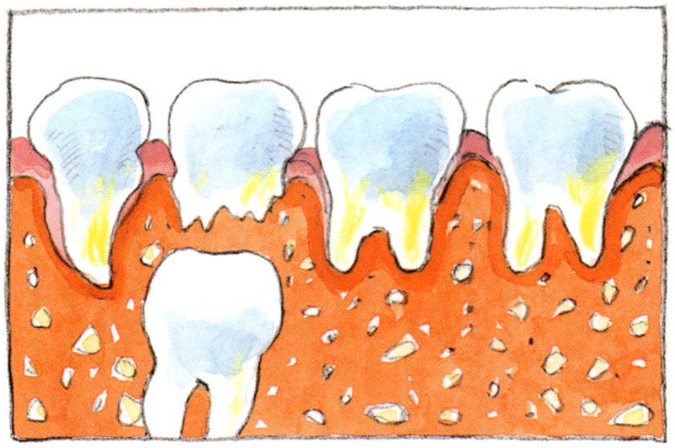

Die Wurzel löst sich auf. Jetzt wackelt der Milchzahn.

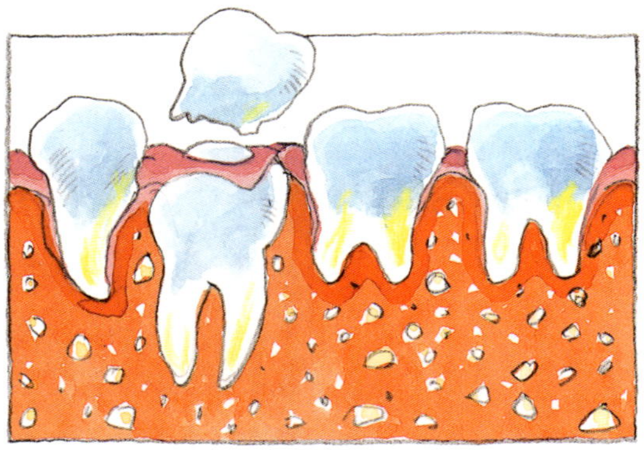

Der Milchzahn fällt heraus.

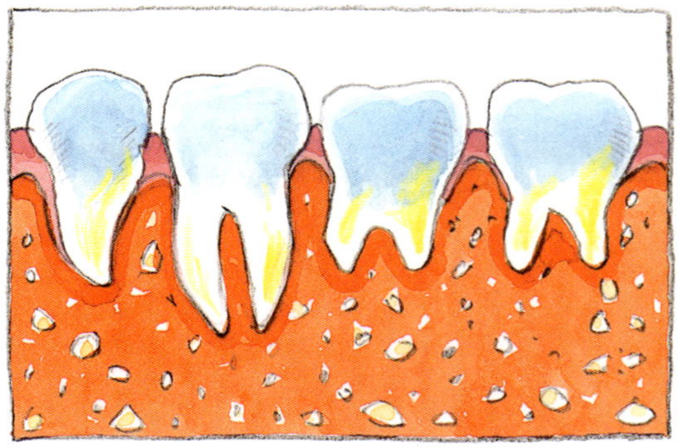

Der neue, große Zahn wächst in die Lücke hinein.

Als Kind hast du 20 Zähne.
Wenn du groß bist, hast du 32 Zähne.

Wenn der Zahn ein Loch hat,
setzt der Zahnarzt
eine **Füllung** ein.

Ein **Loch** im Zahn
ist sehr schmerzhaft.
Unter dem Zahnschmelz sind
empfindliche Nerven.

Der **Zahnschmelz**
schützt die Zähne.
Er ist sehr hart.

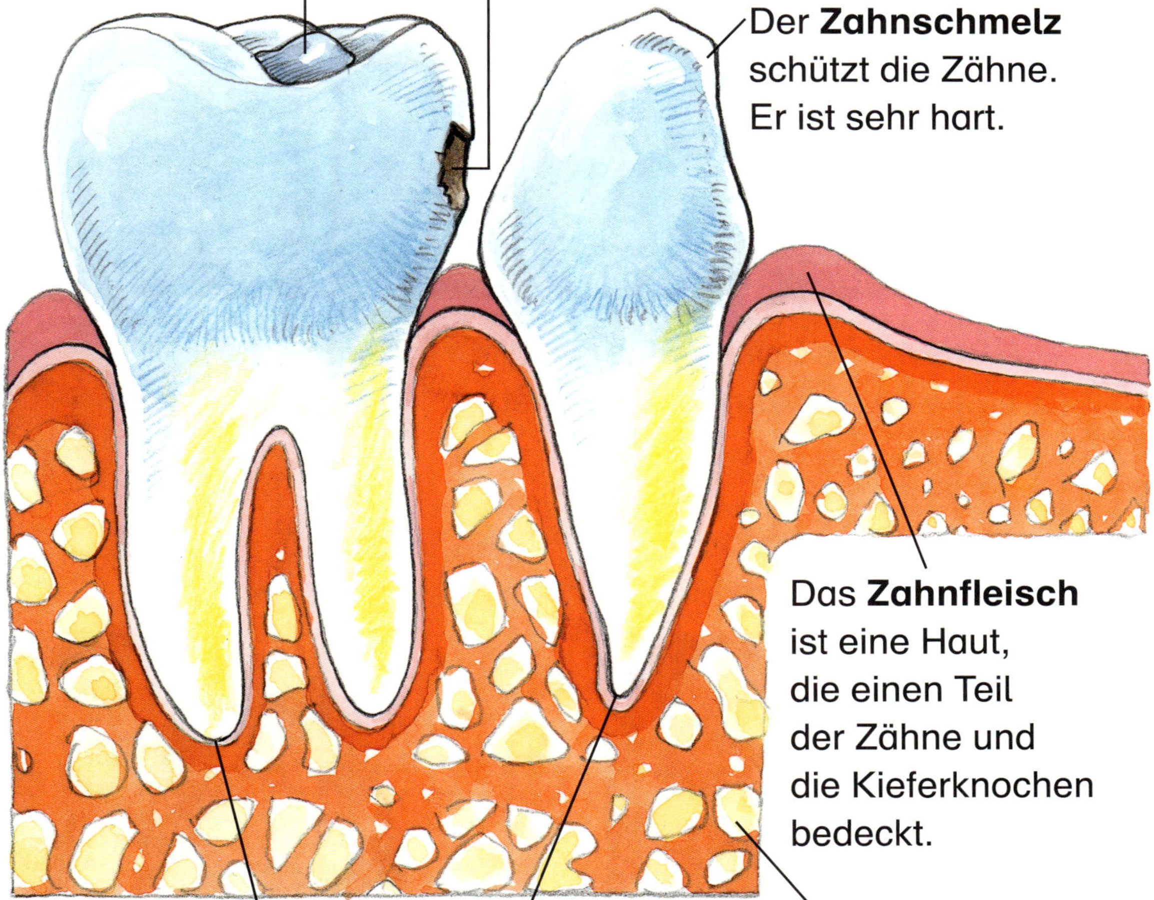

Das **Zahnfleisch**
ist eine Haut,
die einen Teil
der Zähne und
die Kieferknochen
bedeckt.

Die **Zahnwurzeln** sind ganz lang.
Sie halten die Zähne
im Kieferknochen fest.

In den **Kieferknochen**
stecken
die langen Wurzeln
der Zähne.

Die Zähne der Tiere

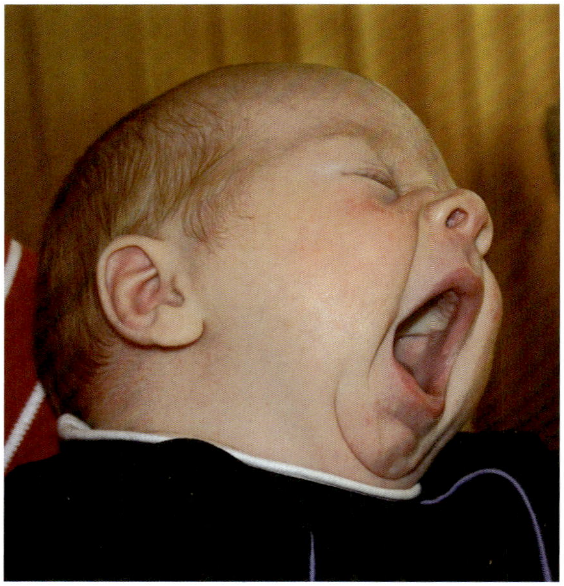

Alle Babys, die bei ihrer Mutter Milch trinken,
kommen **ohne Zähne** auf die Welt.

Die **Eckzähne** des Löwen heißen **Fangzähne.**
Er packt damit seine Beute und reißt sie auseinander.

Die **Schneidezähne** des Eichhörnchens heißen **Nagezähne.** Es kann damit Nüsse knacken.

Die **Backenzähne** der Kuh heißen **Mahlzähne.** Sie kaut damit Gras, Hafer und Heu.

Unsere Sinne

Mit unseren Sinnen nehmen wir unsere Umwelt wahr.

Alles, was wir sehen, hören, riechen, schmecken und tasten, wird von Nerven an das Gehirn weitergeleitet.

Hören

Mit den Ohren hörst du Töne, Klänge und Geräusche.

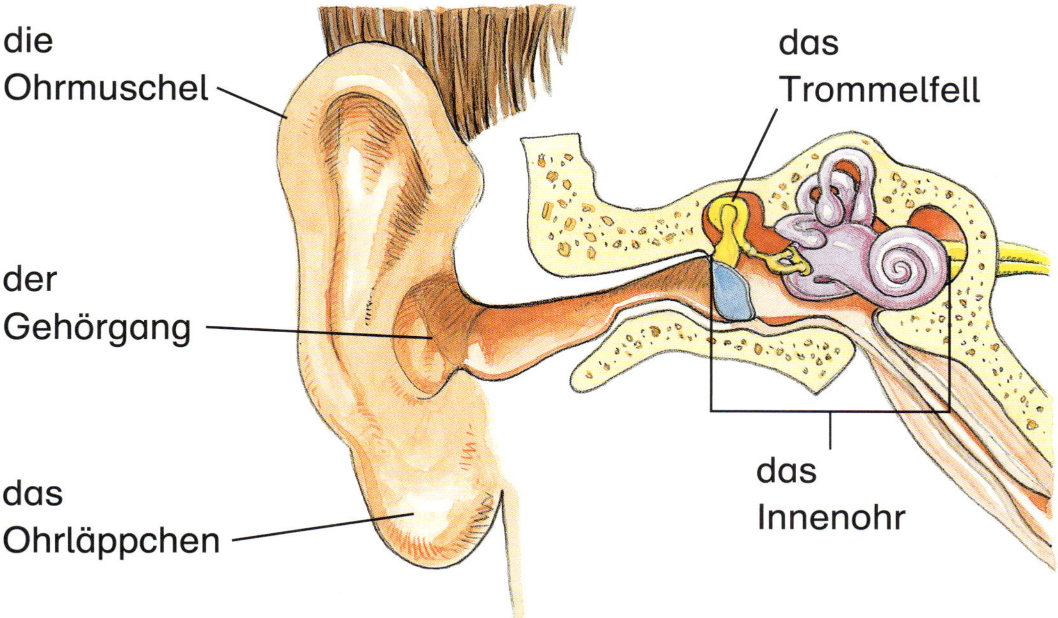

Zum Ohr gehören noch mehr Teile.
Du kannst sie nicht sehen. Sie liegen im Innenohr.

Der Dirigent hat ein sehr feines Gehör. Er kann alle Töne genau hören.

Diese Menschen können nicht hören. Sie verständigen sich mit ihren Händen.

Sehen

Die **Wimpern** schützen das Auge vor Staub.

Das **Augenlid** schließt das Auge. Es reinigt und befeuchtet das Auge.

In der **Augenbraue** bleiben Staubkörner und Schweißtröpfchen hängen.

Die **Regenbogenhaut** färbt die Augen braun, blau, grün oder grau.

Durch die **Pupille** fällt Licht in das Auge.
Wenn es hell ist, wird sie klein.
Wenn es dunkel ist, wird sie groß.

Mit den Augen kannst du Farben, Formen und Bewegungen sehen.

Einige Menschen können nicht gut sehen. Sie brauchen eine **Brille.**

Blinde Menschen können nicht sehen. Sie lesen mit den Fingern die **Blindenschrift.** Sie ertasten die Punkte.

Fühlen und tasten

**Überall in deiner Haut sind Sinneszellen.
Deshalb kannst du so gut fühlen und tasten.**

So fühlst du den Unterschied zwischen

heiß und kalt,

nass und trocken,

rau und glatt,

hart und weich.

In den Fingerspitzen sind
besonders viele Sinneszellen.
Deshalb kannst du
mit deinen Händen
so gut tasten.

Riechen und schmecken

Jeden Tag steigen uns viele Gerüche in die Nase.
Es gibt angenehme und unangenehme Gerüche.

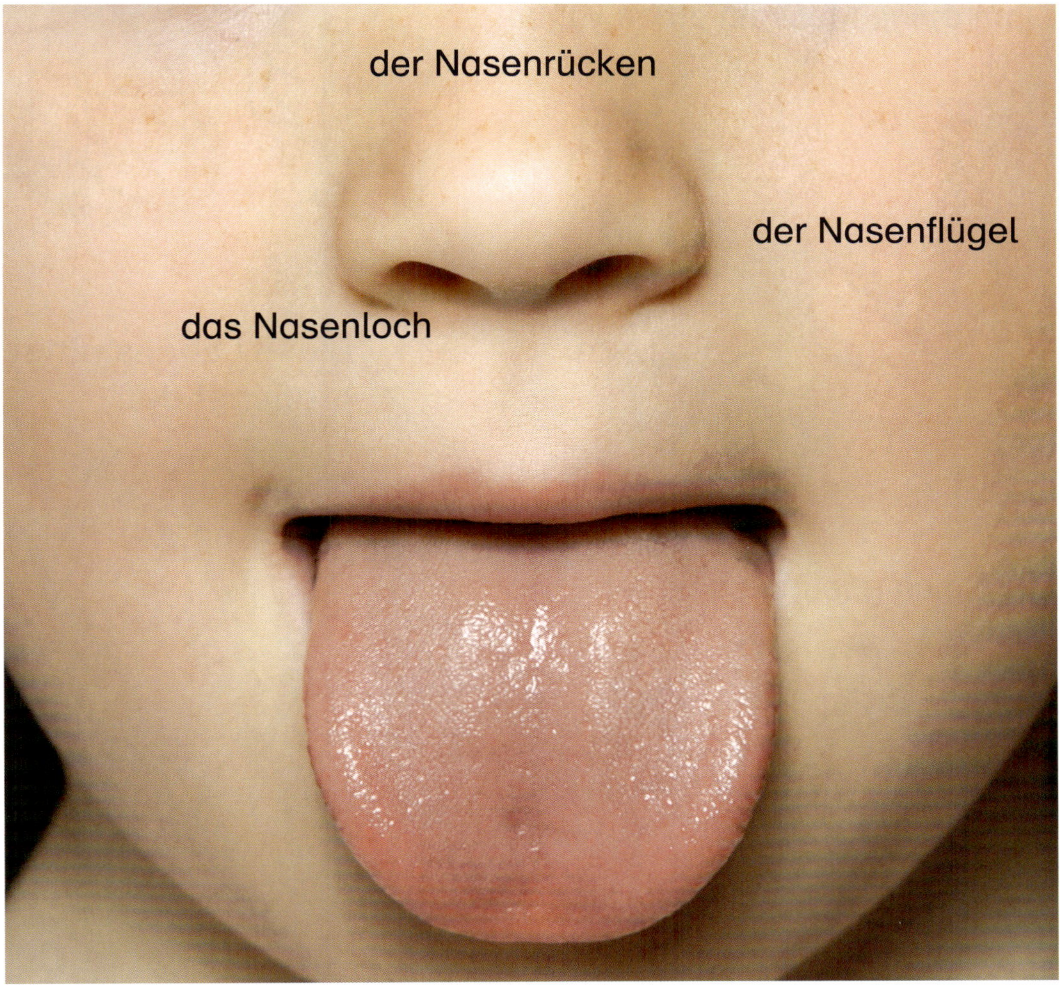

Mit der Zunge schmeckst du, ob etwas süß, sauer, salzig oder bitter schmeckt.

Die Zunge brauchst du auch zum Kauen, Schlucken und Sprechen.

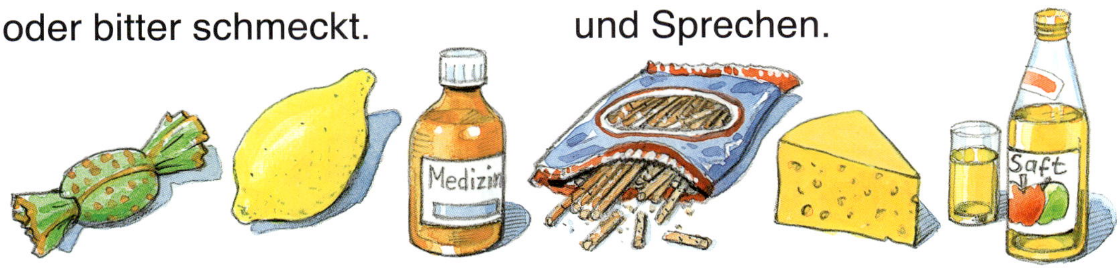

Ernährung

Lebensmittel enthalten Nährstoffe, die dein Körper braucht...

...um deine Muskeln zu bewegen.

Diese Lebensmittel brauchst du...

...um dich gesund zu halten.

...damit du dich konzentrieren kannst.

...für deine Verdauung.

...damit dein Körper wächst.

So spielten Kinder früher

Dieses Gemälde heißt **Kinderspiele.** Es ist 450 Jahre alt.
Der Maler heißt **Pieter Bruegel der Ältere.**

Beim **Bockspringen**
hüpft man über
die anderen Kinder.

Beim **Kreiselspiel**
treibt man den Kreisel
mit einer Peitsche an.

Beim **Reifentreiben**
treibt man den Reifen
mit einem Stöckchen an.

Beim **Blinde-Kuh-Spiel**
sucht ein Kind die anderen
mit verbundenen Augen.

Spiele hier und anderswo

Hüpfkästchen-Spiele gibt es auf der ganzen Welt.

Himmel und Hölle gab es schon vor 1000 Jahren. Es hieß **himil unt helle.**

In manchen Gegenden heißt das Spiel **Hopse.**

In Albanien spielen die Kinder **luaj me peta.**

In Kenia heißt das Spiel **mti.**

Auch Brettspiele
gibt es überall auf der Welt.

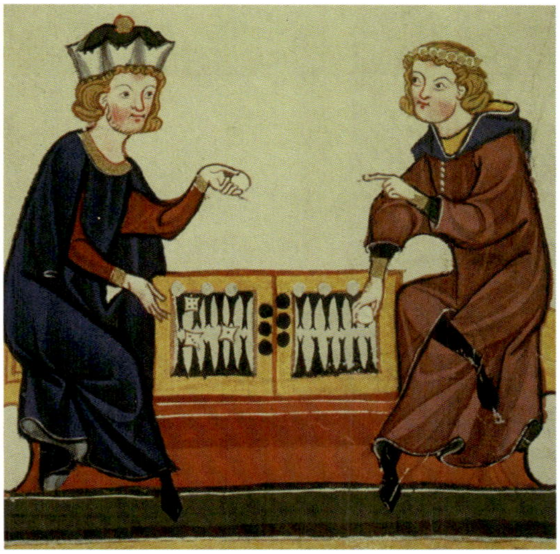

Schon vor 1000 Jahren,
im Mittelalter,
gab es Brettspiele.

Brettspiele sind nicht nur
etwas für Kinder.

Brettspiele kann man auch
ohne Brett spielen: im Sand.

Medien um uns herum

In **Briefen** und auf **Postkarten** verschickst du Nachrichten mit der Post.

Mit dem **Faxgerät** schickt man Briefe und Bilder an ein anderes Faxgerät.

Mit dem **Telefon** und dem **Handy** kannst du Menschen fast überall anrufen.

Auf einer **DVD** und auf einer **Video-Kassette** sind Filme gespeichert.

Im **Fernsehen** siehst du Sendungen zu bestimmten Zeiten.

Auf **Kassetten** und **CDs** sind Geschichten und Musik zu hören.

Das **Radio** sendet zu bestimmten Zeiten Nachrichten, Musik, Werbung und Geschichten.

Am **Computer** und am **Notebook** kannst du arbeiten und spielen.

In **Büchern** findest du Geschichten, Bilder, Gedichte und Informationen.

In **Zeitungen** und **Zeitschriften** stehen die neuesten Nachrichten und Informationen.

Bücher, Bücher, Bücher

In **Kochbüchern**
stehen Rezepte.

In **Telefonbüchern**
stehen die Telefonnummern von
sehr vielen Menschen nach
dem Alphabet geordnet.

Im **Wörterbuch**
schaust du nach, wie Wörter
richtig geschrieben werden.

Im **Lexikon** kannst du
alles nachschlagen,
was du wissen willst.

In **Schulbüchern** stehen
Texte, Übungen und
Aufgaben.

In einem **Sachbuch**
gibt es viele Informationen
zu einem bestimmten Thema.

In einem **Märchenbuch**
findest du viele Märchen.

In **Kinderbüchern** liest du
Geschichten. Sie werden
extra für Kinder geschrieben.

In **Comics** wird
eine Geschichte mit Bildern
und Sprechblasen erzählt.

In **Bilderbüchern** siehst du
zu den Geschichten
viele große Bilder.

Der Computer

Zu einem **Computer** gehören der Bildschirm, der Rechner, die Tastatur und die Maus.

Über das Internet kannst du Nachrichten verschicken. Dazu musst du eine **E-Mail-Adresse** eingeben.

Der **Bildschirm** zeigt die Seite, auf der gearbeitet wird.

Mit der **Digitalkamera** kannst du Bilder machen, die du auf dem Computer anschauen kannst.

Mit der **Tastatur** und mit der **Maus** gibst du dem Computer Befehle. Außerdem brauchst du die Tastatur zum Schreiben.

Im **Internet** findest du viele Informationen. Eine Internetadresse beginnt mit www. Das ist englisch und ist die Abkürzung für world wide web.

Auf der **CD-ROM** oder **DVD** sind Informationen, Musik, Spiele oder Bilder gespeichert.

Ein **Notebook** ist ein kleiner tragbarer Computer.

Mit dem **Drucker** kannst du ausdrucken, was du auf dem Bildschirm siehst.

Der **Rechner** ist das Gehirn des Computers.

Menschen arbeiten

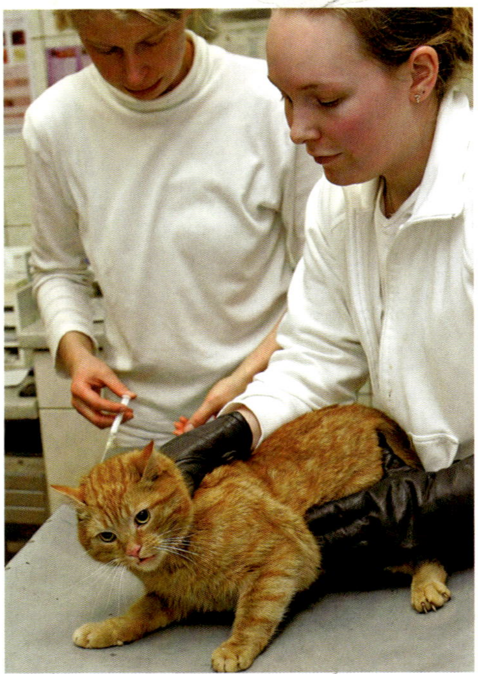

die Tierärztin

Die Tierärztin behandelt kranke oder verletzte Tiere.

Manche Tiere brauchen nur eine Impfung oder Medizin.

Die Tierärztin kann auch bei der Geburt eines Kälbchens helfen.

der Fensterputzer

Fensterputzer putzen die großen Fenster von Schulen und Geschäften.

Sie arbeiten aber auch außen an Hochhäusern.

Dieser Beruf ist sehr gefährlich.

der Lebensmittelhändler

Schon früh am Morgen kauft der Lebensmittelhändler in der Großmarkthalle frisches Obst und Gemüse.

Er räumt die Regale und die Theke ein.

Der Händler verkauft auch Fleisch, Wurst, Käse, Getränke und vieles mehr.

die Buchhändlerin

Die Buchhändlerin liest viel und kennt sich gut mit Büchern aus.

Sie berät Kunden.

Sie bestellt per Computer neue Bücher und räumt sie in die Regale.

der Holzschnitzer

Holzschnitzer gibt es schon seit vielen hundert Jahren.

Früher hat der Holzschnitzer Löffel, Schüsseln, Schuhe und andere Dinge für den Alltag geschnitzt.

Heute schnitzt er vor allem Figuren für Krippen und für den Weihnachtsbaum.

die Zirkusakrobatin

Schon als Kind fängt eine Akrobatin mit dem Training an.

Jeden Tag muss sie viele Stunden üben.

Bei den Vorstellungen muss alles klappen.

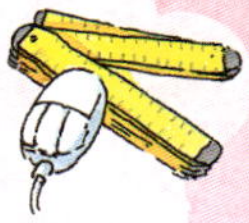

der Tierfilmer

Manchmal muss
der Tierfilmer viele Stunden
oder Tage geduldig
in einem Versteck warten.

Dieser Beruf kann manchmal
auch ganz lustig sein.

Zu den Filmaufnahmen
spricht der Tierfilmer
im Tonstudio einen Text
auf Tonband.

die Astronautin

Eine Astronautin muss
körperlich fit sein.

Sie muss lange trainieren.

Die Astronautin ist eine
Wissenschaftlerin.
Sie macht im Weltall
Experimente.

Der Werkzeugkasten

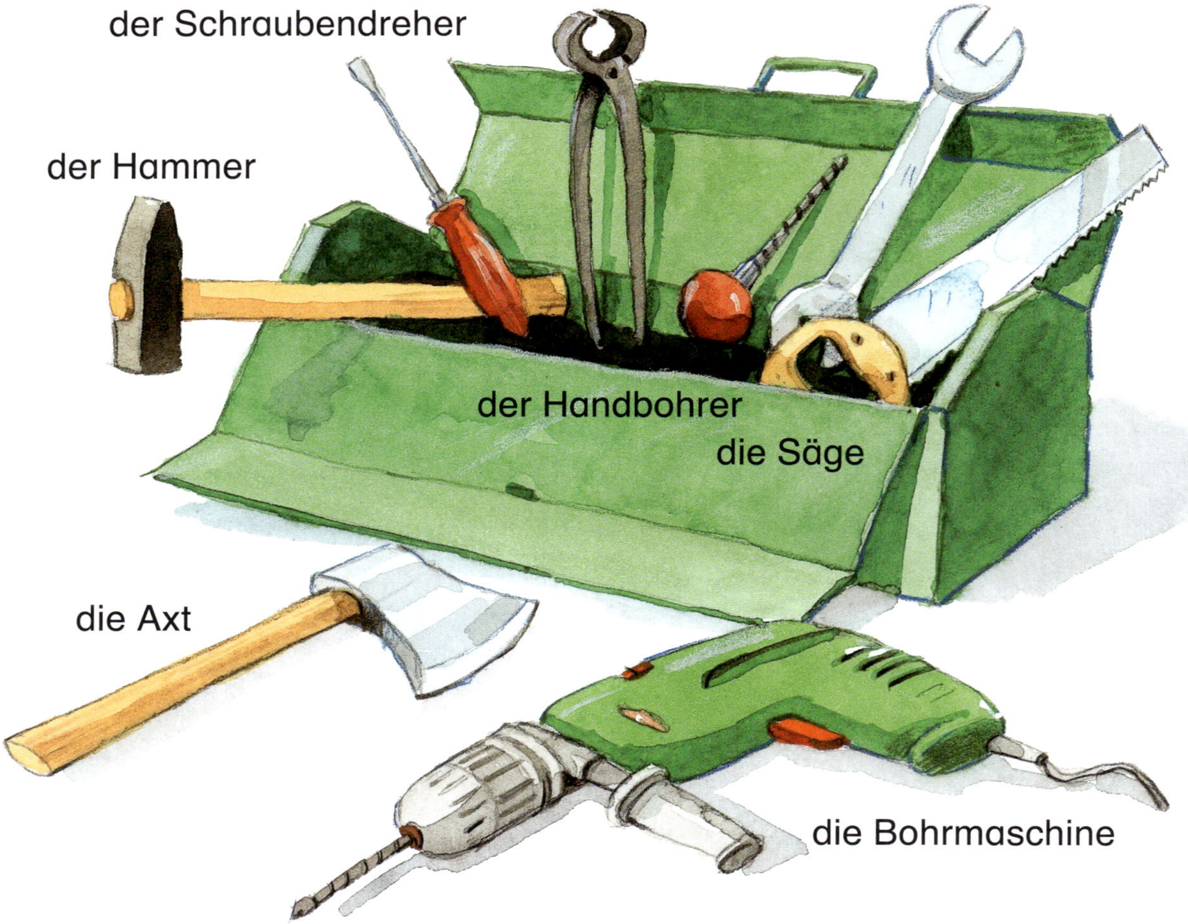

Holz und Eisen

Holz ist ein
natürliches Material.
Es **wächst im Wald.**

Holzarbeiter fällen die Bäume
und transportieren sie
aus dem Wald.

Eisen ist auch ein natürliches
Material. **Tief in der Erde**
gibt es Eisenerz.

Bergleute holen das Eisenerz
in Bergwerken aus der Erde.

Im Sägewerk werden
die Baumstämme geschält
und zersägt.

Aus dem Holz kann man vieles
herstellen, zum Beispiel
Möbel oder Spielplatzgeräte.

In riesigen Öfen schmilzt
das Eisenerz.
So bekommt man Eisen.

Der Schmied stellt daraus
Gegenstände her, zum
Beispiel Hufeisen oder Tore.

Glas und Papier

Glas wird aus Sand hergestellt.

Der Sand wird mit Soda und Kalk gemischt.

Papier wird aus Holz gemacht.

Das Holz wird
in kleine Stücke gehackt
und zerstampft.

Die Mischung wird sehr heiß gemacht. Sie schmilzt und wird flüssig.

Aus dem flüssigen Glas macht man Fenster, Spiegel, Gläser und vieles mehr.

Die Holzstückchen werden mit Wasser zu einem Brei gekocht.

Der Brei wird getrocknet, gepresst und geschnitten. So entsteht Papier.

Abbildungsnachweis

S. 6 o./m.: Susanne Eβinger; **S. 6 u.:** Archiv Heinrich Stock; **S. 6/7 m.:** picture-alliance/akg-images; **S. 7 o.:** Susanne Eβinger; **S. 7 m./u.**, **S. 8 o. l./o. r.:** Museen der Stadt Kornwestheim, Schulmuseum Nordwürttemberg, Dr. Peter Mann; **S. 8 u. l.:** picture-alliance/akg-images; **S. 10 o. l.:** photothek/Thomas Imo; **S. 10 o. r.:** Joanna B. Pinneo/Aurora Photos; **S. 10 u. l.:** Images.de/Martin Fejer, Berlin; **S. 10 u. r.:** Das Fotoarchiv/Sean Sprague; **S. 11 o. l./o. r.:** 1994 Peter Menzel/ Material World/Agentur Focus; **S. 11 u. l.:** Friedrich Stark, Dortmund; **S. 11 u. r.:** www.peterginter.com; **S. 16 o. l./u. r.:** Bildagentur Waldhäusl/Allover/TPH; **S. 16 o. r.:** Danner GmbH, Kirchheim/Christian Link, Augsburg; **S. 16 m. l.:** Joker/Peter Albaum; **S. 16 m. r.:** picture-alliance/dpa; **S. 16 u. l.:** Corbis, London und Düsseldorf; **S. 17 o. l.:** Image Source, Köln; **S. 17 o. r.:** MAN, Augsburg und Köln; **S. 17 m. l.:** Bilderberg/Markus Kirchgessner; **S. 17 m. r.:** DB Archiv; **S. 17 u. l.:** images.de/Gerhard Leber, Berlin; **S. 17 u. r.:** Bilderbox/Erwin Wodicka; **S. 18 o.:** Corbis, London und Düsseldorf; **S. 18 m.:** Naturpix, B. Mühr und G. Müller, Karlsruhe; **S. 18 u.:** Waldhäusl/Thomas Aichinger; **S. 19 o. l.:** Lokomotiv Ateliers/Thomas Willemsen, Stadtlohn; **S. 19 m. l.:** picture-alliance/OKAPIA, Frankfurt a. M.; **S. 19 m. r.:** Viktor Wehser, Burg Stargad; **S. 19 u. l.:** Bibliographisches Institut & F. A. Brockhaus, Mannheim; **S. 19 u. r.:** MEV Verlag, Augsburg; **S. 24 o. l.:** Bernd Raum, Neuenhagen; **S. 24 m.:** Das Fotoarchiv/A. Riedmiller; **S. 24 u.:** picture-alliance/dpa, Frankfurt a. M.; **S. 25 o.:** MEV Verlag, Augsburg; **S. 25 m.:** picture-alliance/OKAPIA/Manfred Uselmann; **S. 25 u.:** Bibliographisches Institut & F. A. Brockhaus, Mannheim; **S. 26:** Naturpix, B. Mühr und G. Müller, Karlsruhe; **S. 27:** Corel Corp. 1993; **S. 30 o. l.:** picture-alliance/ ZB; **S. 26/27:** DIAPHOR/SUPERBILD; **S. 30 o. r.:** meteoXpress Ltd. - Niederlassung Deutschland; **S. 31 o. l.:** Enercon GmbH, Aurich; **S. 31 o. r.:** Bibliographisches Institut & F. A. Brockhaus, Mannheim; **S. 31 u. l.:** bifab/Corbis, London und Düsseldorf; **S. 31 u. r.:** Corbis, London und Düsseldorf; **S. 32 o.:** picture-alliance/OKAPIA/Werner Meisig; **S. 32 u.:** Picture Press/Manfred Tonig; **S. 33 o.:** Naturpix, B. Mühr und G. Müller, Karlsruhe; **S. 33 m.:** Bildagentur Waldhäusl/Franz Waldhäusl; **S. 33 u.:** Bildagentur Waldhäusl/Gerald Auschenauer; **S. 34 o.:** Bildagentur Waldhäusl; **S. 34 m.:** Mauritius; **S. 34 u.:** picture-alliance/ dpa, Frankfurt a. M.; **S. 35 l./m.:** Cornelsen Experimenta; **S. 35 r.:** Prof. Lothar Meyer, Potsdam; **S. 38 o.:** 1994 Peter Menzel/ Material World/Agentur Focus; **S. 38 m.:** Blickwinkel/M. Rutkiewicz; **S. 38 u.:** Louis Psihoyos/Material World/Agentur Focus; **S. 39 o.:** 1994 Peter Menzel/Material World/Agentur Focus; **S. 39 m.:** Mauritius; **S. 39 u.:** Joanna B. Pinneo/Aurora Photos; **S. 40 o.:** Maggie Steber/Material World/Agentur Focus; **S. 40 m.:** The Image Works/Visum; **S. 40 u.:** Joanna B. Pinneo/Aurora Photos; **S. 41 o.:** Blickwinkel; **S. 41 m.:** 1994 Peter Menzel/Material World/Agentur Focus; **S. 41 u.:** Catherine Karnow/Material World/Agentur Focus; **S. 42 o.:** medicalpicture; **S. 42 m.:** argum/Christian Lehsten; **S. 42 u.:** HVBG/Nico Schmidt; **S. 43 o.:** GARO/PHANIE/Superbild; **S. 43 m.:** Bibliographisches Institut & F. A. Brockhaus, Mannheim; **S. 43 u.:** B.S.I.P./SUPERBILD; **S. 46 o.:** Layne Kennedy/Corbis; **S. 46 u.:** Schapalow, Hamburg; **S. 47 o./m.:** alamy Images; **S. 47 u.:** picture-alliance/ dpa/dpaweb; **S. 59:** Corbis/Adam Woolfitt; **S. 64/65:** NASA/JPL/RPIF/DLR; **S. 66 o. l.:** Blickwinkel/M. Hoefer; **S. 66 o. r.:** Blickwinkel/M. Woike; **S. 67 o.:** Reinhard-Tierfoto, Grasrain; **S. 67 u.:** Blickwinkel/W. Layer; **S. 70 o.:** Naturfotografie Frank Hecker; **S. 70 m. l.:** Blickwinkel/O. Giel; **S. 70 m. r.:** Dr. R. König, Kiel; **S. 70 u.:** J-L Klein M-L Hubert/OKAPIA; **S. 71 o.:** Bayer AG, Krefeld; **S. 71 m. 1.:** picture-alliance/dpa, Frankfurt a. M.; **S. 71 m. 2.:** picutre-alliance/OKAPIA, Frankfurt a. M.; **S. 71 m. 3.:** Blickwinkel/Hecker/Sauer; **S. 71 u.:** Bibliographisches Institut & F. A. Brockhaus, Mannheim; **S. 74 o./m. l.:** T. Angermeyer, Holzkirchen; **S. 74 m.r.:** Corel Corp. 1993; **S. 74 u.:** picture-alliance/OKAPIA, Frankfurt a. M.; **S. 75 o.:** Floramedia; **S. 75 m. r.:** Bibliographisches Institut & F. A. Brockhaus, Mannheim; **S. 75 m. l.:** Dr. R. König, Kiel; **S. 75 u.:** H. Theuerkauf, Gotha; **S. 80 o. l.:** Lukasseck, F./Arco Digital Images; **S. 80 o. r.:** Bildagentur Waldhäusl; **S. 80 m.:** NPL/Arco Digital Image; **S. 80 u.:** K. Wothe, Naturfotos und -filme, München; **S. 81 o. l.:** Dr. R. König, Kiel; **S. 81 o. m.:** picture-alliance/ OKAPIA, Frankfurt a. M.; **S. 81 o. r.:** picture-alliance/dpa; **S. 81 m.:** Blickwinkel/P. Cairns; **S. 81 u.:** Blickwinkel/D. Mahlke; **S. 78/79:** Bildagentur Waldhäusl; **S. 82 o.:** Blickwinkel/C. Huetter; **S. 82 m.:** M. Harvey/WILDLIFE; **S. 82 u.:** Mauritius; **S. 83 o.:** Blickwinkel/T. Seitz; **S. 83 m.:** Blickwinkel/H. Schmidbauer; **S. 83 u.:** Blickwinkel/K. Wothe; **S. 86 o./u.:** T. Angermayer, Holzkirchen; **S. 86 m.:** Naturfotografie Frank Hecker; **S. 87 o./u.:** T. Angermayer, Holzkirchen; **S. 87 m.:** Naturfotografie Frank Hecker; **S. 94 o.:** Bildagentur Wadlhäusl/imagebroker/Arco/K. Wothe; **S. 94 u.:** Udo Kreutzer/Okapia; **S.94/95:** Blickwinkel/R. Koenig; **S. 95 o.:** picture-alliance/OKAPIA/Wilhelm Irsch; **S. 95 u.:** picture-alliance/OKAPIA, Frankfurt a. M.; **S. 96 o.:** picture-alliance/Helga Lade; **S. 96 u.:** picture-alliance/OKAPIA, Frankfurt a. M.; **S. 96/97:** Susanne Eβinger; **S. 97 o.:** picture-allliance/KPA/Meyer; **S. 97 u.:** Naturfotografie Frank Hecker; **S. 102:** Bildagentur Waldhäusl; **S. 103 o. l.:** Blickwinkel.de/A. Laute; **S. 103 o. r.:** T. Angermayer, Holzkirchen; **S. 103 u. l.:** Naturfotografie Frank Hecker; **S. 103 u. r.:** Blickwinkel/K. Irlmeier; **S. 106:** Mosch; **S. 107 o. l.:** Mosch; **S. 107 o. r.:** Familie Hohn; **S. 107 u. l.:** Mauritius Images/Claudia Rehm; **S. 107 u. r.:** Lena Huschens; **S. 111 o.:** Mosch; **S. 111 m.:** Susanne Eβinger; **S. 111 u.:** medicalpicture/Steche; **S. 114 o. l.:** picture-alliance/dpa; **S. 114 o. r.:** Mosch; **S. 114 u. l.:** Corbis, London und Düsseldorf; **S. 114 u. r.:** Lena Huschens; **S. 115 o. l./u. l.:** T. Angermayer, Holzkirchen; **S. 115 o. r./u. r.:** Lena Huschens; **S. 116:** Michael Fuchs, www. michaelfuchs-fotografie.de; **S. 117 u. l.:** Bildagentur Waldhäusl; **S. 117 u. r.:** DUDEN PAETEC GmbH; **S. 118/121:** Michael Fuchs, www.michaelfuchs-fotografie.de; **S. 124/125:** AKG Images, Berlin; **S. 127 o./m. r.:** picture-alliance/dpa; **S. 127 m. l.:** AKG Images, Berlin; **S. 127 u.:** Layne Kennedy/CORBIS; **S. 134 o.:** picture-alliance/ZB/dpa; **S. 134 u.:** Bildagentur Waldhäusl; **S. 135 o.:** HVBG/Danetzki; **S. 135 u.:** ASK Images/Visum; **S. 136 o.:** Bildagentur Waldhäusl; **S. 136 u.:** picture-alliance/dpa, Frankfurt a. M.; **S. 137 o.:** picture-alliance/OKAPIA; **S. 137 u.:** NASA/JPL/RPIF/DLR

Illustrationen von
Volker Fredrich, Peter Friedl, Julia Ginsbach,
Markus Humbach, Günther Jakobs, Christiane Mitzkus,
Barbara Schneider-Rank, Tanja Székessy und Dirk Tonn

1. Auflage
1 $^{8\,7\,6}$ | 2013 2012
Alle Drucke dieser Auflage können im Unterricht nebeneinander benutzt werden.
Die letzte Zahl bezeichnet das Jahr dieses Druckes.

www.duden-schulbuch.de

Redaktion: Kirsten Braun
Herstellung: Jutta Herboth, Kathrin Reichel
Satz und Reproduktion: Alexander Klar, dbs GmbH, Warstein
Layout und Umschlaggestaltung: tiff.any, Berlin
unter Verwendung einer Illustration von Julia Ginsbach
Druck- und Bindearbeiten: Firmengruppe APPL, Wemding

ISBN 978-3-89818-891-3